MENTOR LERN-HILFE

Band 560

Englisch

Vorsicht Fehler! 1

200 typische Englischfehler erkennen und vermeiden

Mit Testaufgaben und Lösungsteil

Holger Freese

Mentor Verlag München

In Zusammenarbeit mit Langenscheidt

Über den Autor:
Holger Freese, Fachlehrer für Englisch und Deutsch am Gymnasium;
Professor am Staatlichen Seminar für Schulpädagogik (Berufliche Schulen), Freiburg;
Autor mehrerer zweisprachiger Wörterbücher

Redaktion: Elisabeth Güll

Illustrationen: Elmar Fassold, Nürnberg

Layout: Barbara Slowik, München

Umwelthinweis: Gedruckt auf chlorfrei gebleichtem Papier.

Auflage:	9.	8.	7.	6.	5.	letzte Zahlen
Jahr:	06	05	04	03	2002	maßgeblich

Satz/Repro: Franzis print & media GmbH, München
Druck: Landesverlag Druckservice, Linz
Printed in Austria · ISBN 3-580-63560-3

Vorwort

Liebe Schülerin, lieber Schüler,

wenn man Englisch lernt, stößt man immer wieder auf Wörter, Redewendungen und grammatische Konstruktionen, die man falsch versteht oder anwendet, weil sie einem scheinbar vertraut sind. Ihre gefährliche Ähnlichkeit mit anderen Erscheinungen in der Fremdsprache oder – noch gefährlicher – mit solchen in der Muttersprache lässt einen in eine Falle nach der anderen tappen.

Aus tausenden von Tests, Hausaufgaben, Klassen- und Prüfungsarbeiten von Schülerinnen und Schülern aller Altersstufen und Schularten bis hin zur Erwachsenenbildung haben wir **200 genau solcher besonders typischer Fehler** ausgewählt.

Zum Aufbau des Buches:
Die einzelnen Problemfälle und Stichwörter sind **alphabetisch** angeordnet. Alles, was zu einem Problem zu sagen ist – **Beispiele, Regeln, Besonderheiten, Ausnahmen, Tipps** – findet sich immer auf der **linken Seite. Kleine Tests** zu jedem Stichwort, in denen man die eigenen Fähigkeiten überprüfen kann, stehen gegenüber auf der **rechten Seite** (Einsetzübungen, Umformungen, Übersetzungen usw.). Die eigenen Ergebnisse kann man dann mit den **Lösungen** hinten im Buch vergleichen, die durch eine **Griffleiste** leicht auffindbar sind. Kleine Textausschnitte, Cartoons und Illustrationen aus Zeitungen, Zeitschriften, Büchern oder aus dem Alltagsleben zeigen, wie das Wort oder der Satz praktisch angewendet werden.

Zum Gebrauch des Buches:
Den schnellsten Weg zum gesuchten Wort zeigt die alphabetische Anordnung der Stichwörter mit der **Buchstaben Griffleiste** jeweils auf der rechten Seite oben oder das **Inhaltsverzeichnis** mit seinem systematischen Überblick oder schließlich das **Stichwortverzeichnis** mit zahlreichen Querverweisen und Seitenangaben.

Das Buch soll dreierlei sein:
Nachschlagewerk, Wiederholungskurs und **Übungsbuch**. Es eignet sich für das **Selbststudium**, macht aufmerksam auf **Fehlerquellen** und zeigt, wie **Fehler** vermieden werden können.
Vor Prüfungen und Klassenarbeiten kann man sich damit z. B. **systematisch** fit machen, indem man **5 bis 10 Abschnitte pro Tag** selbstständig durcharbeitet und mit Hilfe der Lösungen überprüft.
Es kann aber auch als **Unterrichtsbegleiter** eingesetzt werden, besonders dann, wenn gerade ein Problem aus den Bereichen Wortschatz (z. B. leicht verwechselbare Wörter), Grammatik (z. B. Gebrauch der *-ing*-Formen) oder *„usage"* (z. B. Artikel oder nicht?) auftaucht. Schülerinnen und Schüler können sofort nachsehen, was dazu an Regeln, Tips und Hinweisen angegeben ist und Lehrerinnen und Lehrer können **kleine Übungseinheiten** daraus entnehmen und zur Vertiefung des Stoffes im Unterricht einsetzen.

Viel Spaß und viel Erfolg mit diesem Buch wünschen

Autor und
Mentor Verlag

Übrigens: Die Rechtschreibung dieses Bandes entspricht den Regelungen der Reform.

Die Lautschriftzeichen

1. Allgemeine Zeichen

Die Lautschrift steht in eckigen Klammern: *English* [ˈɪŋglɪʃ]. Bei mehrsilbigen Wörtern bedeutet das Betonungszeichen ˈ, dass die folgende Silbe am stärksten betont wird: *concert* [ˈkɒnsət].

Das Betonungszeichen ˌ bedeutet, dass die folgende Silbe betont wird, jedoch schwächer als die am stärksten betonte Silbe: *long-distance call* [ˌlɒŋ dɪstnsˈkɔːl].

Die Länge eines Vokals wird durch ː bezeichnet: *see* [siː].

2. Vokale

ɑː	*father*	[ˈfɑːðə]	ɪ	*it*	[ɪt]
æ	*man*	[mæn]	iː	*beat*	[biːt]
ʌ	*come*	[kʌm]	ɒ	*rock*	[rɒk]
e	*ten*	[ten]	ɔː	*law*	[lɔː]
ə	***a** teacher*	[əˈtiːtʃə]	ʊ	*book*	[bʊk]
ɜː	*sir*	[sɜː]	uː	*moon*	[muːn]

3. Diphthonge

In englischen Diphthongen, d. h. Lauten, die sich aus zwei Vokalen zusammensetzen, wird der erste Bestandteil stärker gesprochen als der zweite.

eɪ	*name*	[neɪm]	eə	*hair*	[heə]
aɪ	*by*	[baɪ]	ʊə	*tour*	[tʊə]
aʊ	*now*	[naʊ]	ɔɪ	*boy*	[bɔɪ]
ɪə	*beer*	[bɪə]	əʊ	*go*	[gəʊ]

4. Konsonanten

In der folgenden Übersicht sind die Laute nicht aufgeführt, bei denen in der Regel Schrift- und Lautschriftzeichen übereinstimmen, z. B. n und m: name [neɪm].

ŋ	*song*	[sɒŋ]	dʒ	*jeans*	[dʒiːnz]
s	*service*	[ˈsɜːvɪs]	θ	*think*	[θɪŋk]
z	*zero*	[ˈzɪərəʊ]	ð	*there*	[ðeə]
ʃ	*shop*	[ʃɒp]	j	*young*	[jʌŋ]
ʒ	*measure*	[ˈmeʒə]	v	*visit*	[ˈvɪzɪt]

Inhaltsverzeichnis

Vorwort 3

Die Lautschriftzeichen 4

about, over, more than 8
action, campaign etc. 8
actual, topical, current, up-to-date 10
Adjektiv nach Verben der sinnlichen Wahrnehmung 10
Adverb mit derselben Form wie das Adjektiv 12
advice, information, news 12
Altersangaben 14
among, under 14
anxious, afraid etc. 16
Apostroph
- *its, it's* 16
- vor Plural-*s* 18
- *s*-Genitiv 18
- *art, way, kind, sort, species* 20

Artikel
- *a/an* 20
- bei allgemeinen Begriffen 22
- bei Gewässernamen 24
- vor *hundred, thousand* 24
- bei Länder-, Orts- und Straßennamen . . . 26
- bei Planeten 28
- bei *space* 28
- bei Zugehörigkeit zu einer Gruppe 28

as, how in Nebensätzen 30
as, since in Nebensätzen 30
as, than 32
at last, at least 36
attend, visit 36

bank, bench 38
become, get 38
before, in front of 40
big, great 40
big, tall bei Personen 42
billion 42
birthday 44
biscuit, cookie etc. 44
borrow, lend 44
boss, chef, chief 46
brave, good 46
bring, take 48
build, form, shape 48
by, at, near, with in Ortsangaben 50
by, from someone 50
by, until (till) 52

caricature, cartoon 54
catcher, wrestler 54
chemist, pharmacist 56
chips, French fries, crisps 56
Christ, Christian 56
clerical 58
closet, toilet 58
colour
- *colour, paint* 58
- *What colour?* 60

comfortable, luxurious 60
consequent, consistent 62
control, check 62
costume, suit 64
country, land 64
couple, pair 66
critic, criticism, review 66
cutlet, chop 68

Datum 68
decent, discreet etc. 70
delicatessen, delicacy 70
discriminate 72
do, make 72
dome, cathedral 72
drunk, drunken 74

economic, economical 74
either 76
eventual(ly), possible, perhaps (maybe) 76
excuse me, sorry 78
explain 80
extravagant, stylish, sophisticated 80

familiar 82
fatal, unfortunate, embarrassing 82
find (that), think, like 84
finished, ready 84

first, at first 86
the first, the last, the next few 86
for, ago 88
for, since 88
Fragebildung ohne *to do* bei Vollverben 90
friendly 90

garage 90
go, drive, ride 92
go, walk 94
go to bed, go to sleep 94
good, well 96
gymnasium 96
gymnastics 96

hair 98
happy, lucky 98
hard, hardly 98
have; Umschreibung mit *to do* 100
have something done 102
hear, listen (to) 102
high school, college, university 104
homework, housework 104
how, what (... like) 106
how do you do 108

if, when 108
***if*-Sätze**
Die 3 Grundtypen 110
Typ 2 mit unerfüllbarer Voraussetzung 110
Mischformen 112
ill, sick 112
in, on the picture 114
***-ing*-Form**
nach Präpositionen 114
nach bestimmten Verben und Ausdrücken 116
irritate, confuse, put off 118
isolate, insulate 118

last, latest 120
late, lately 120
learn, study 120
leave, let 122
less, fewer 122
lie, lay 124
life/lives, live, alive 124
like, as 126
liquor 126
little, few, a little, a few 128
look (at), see, watch 128

machine, automat 130
major, mayor 130
man, husband 132
manager, executive 132
marine, navy 132
marmalade, jam, jelly 134
mean, think 134
meaning, opinion 136
menu, set lunch etc. 136
most, mostly 136
most, the most 138
much, many, a lot of 138
murder, murderer 140
music(al) box, jukebox 140
must not, need not 140

nearest, next 142
neither 142
Nomen mit Verb im Plural 144

of bei Mengen- und Teilangaben 144
oldtimer, vintage car etc. 146
overhear, not hear, ignore 146
overlook, oversee 148
own 148

pause, break 150
people(s) 150
petrol, petroleum 152
photograph, photographer, photography 152
phrase 152
physician, physicist 154
please 154
plump, clumsy 156
policy, politics 156
Possessivpronomen bei Körperteilen und Kleidungsstücken 158
price, prize 158
prospect, prospectus 158
public school 160
puzzle 160

raise, rise 162

recipe, receipt, prescription 162
remember, remind 164
rent, pension 164
river, stream 164
road, street 166

sauce, gravy, dressing 166
sea, lake 168
self-conscious, self-confident 168
sensible, sensitive 168
serious 170
shade, shadow 170
shall, will 170
shellfish, haddock 172
short, small bei Personen 172
shortly, recently 172
sleep in, sleep out 174
slip 174
small, narrow 174
spend, give, donate 176
stadium, stage 176
strong, strict 176

take it easy, never mind 178
take place, take a seat 178
technique, technology 180
thick, fat 180
to, into 182

until (till), to, as far as 182
use, used to 184

wander, hike 186
want, would like, wish 186
warehouse, department store 186
will, won't 188
I wish 188
woman, wife 190
wonder, (be) surprise(d) 190
work, job 192
worth + -ing-Form 192
would, wouldn't 194

yes? 196
yet 196

Zahlen
Komma und Punkt 198
Schreibung 198

Grammatische Begriffe 200

Quellenverzeichnis 202

Lösungsteil 203

Stichwortverzeichnis 217

1 *about, over, more than*

I never talk ***about*** *money.*	Ich spreche nie **über** Geld.
Los Angeles has ***over/more than*** *three million inhabitants.*	Los Angeles hat **über** drei Millionen Einwohner.
a film ***about*** *Australia*	ein Film **über** Australien
children ***over*** *ten*	Kinder **über** zehn (Jahre)

about	–	**über** (Thema)
over, more than	–	**über, mehr als**
over	–	**über** (bei Altersangaben)

ϟ **Vorsicht:**

San Francisco has ***about*** *700,000 inhabitants.*	San Francisco hat **ungefähr** 700 000 Einwohner. (ϟ **nicht:** über)

Steht ***about*** bei Mengen- oder Altersangaben, so bedeutet es **ungefähr, etwa.**

2 *action, campaign* etc.

The time has come for ***action.***	Die Zeit zum **Handeln** ist gekommen.
a man of ***action***	ein Mann der **Tat**
an advertising ***campaign***	eine Werbe**aktion**
a membership/charity ***drive***	eine Mitgliederwerbe-/Wohltätigkeits**aktion**
a rescue ***operation***	eine Rettungs**aktion**
You should see him in ***action!***	Du solltest ihn mal in **Aktion** sehen!

action [ˈækʃn] bedeutet meist **Handeln, Handlung**, nur in einigen Wendungen **Aktion**.

Eine **Aktion** (= gemeinsame Anstrengung) wird ausgedrückt durch:

- ***campaign*** [kæmˈpeɪn] oder ***drive***, besonders wenn die **Öffentlichkeit** angesprochen wird,
- ***operation*** (Polizei, Militär etc.), besonders wenn es um die **Sicherheit** geht.

ϟ **Vorsicht:**

action wird – wie alle auf ***-ction*** endenden Wörter – **ohne** *t* gesprochen.

Test 1

Übersetze:

1. Ich sammle Bücher über Indianer. Ich habe schon über hundert davon. ______________________

____

2. In den USA muss man über 21 sein, wenn man Alkohol kaufen will.

____

3. Wir haben vor[1] ungefähr einem Jahr geheiratet, aber wir kennen[2] uns seit[3] über 10 Jahren.

____

____

____

? [1] Vgl. *for, ago* 79; [2] *Present Perfect!* [3] Vgl. *for, since* 80

Test 2

Setze ***campaign*/*drive*, *operation*** oder ***action*** ein:

1. *They are planning a big anti-smoking* ______________________ .
2. *A major search* ______________________ *has been started to find the missing mountain climbers.*
3. *Your prompt* ______________________ *saved the girl's life.*
4. *In their fight to save the whales Greenpeace combined direct* ______________________ *with a worldwide fund-raising* ______________________ .

Support a total ban on whaling. Support Greenpeace.

We'll put your opinion into direct action. Greenpeace is about deeds, not words. Help us in our campaign. It could be your last chance to save the world's whales!

3 *actual, topical, current, up-to-date*

*He runs the shop, but the **actual** owner is his wife.*	Er führt das Geschäft, aber der **eigentliche** Besitzer ist seine Frau.
*the **actual** results*	die **tatsächlichen** Ergebnisse (ϟ **nicht:** aktuellen)
*of great **topical** interest*	von großem **aktuellen** Interesse
*a very **topical** subject*	ein ganz **aktuelles** Thema
***current** events/fashions*	**aktuelle** Ereignisse / Mode
***up-to-date** figures/methods*	**aktuelle** Zahlen / Methoden

> ***actual*** [ˈæktʃʊəl] bedeutet **wirklich, eigentlich, tatsächlich.**
>
> Dem deutschen **aktuell** entsprechen meist:
> – ***topical*** [ˈtɒpɪkl] (augenblicklich interessant),
> – ***current*** [ˈkʌrənt] (gegenwärtig, „von heute") oder
> – ***up-to-date*** (auf dem neuesten Stand).

4 Adjektiv nach Verben der sinnlichen Wahrnehmung

*The food **smells good,** but **tastes awful.***	Das Essen **riecht gut, schmeckt** aber **furchtbar.**
*She **looked nervous** when I last saw her.*	Sie **sah nervös aus,** als ich sie das letzte Mal sah.

> Nach Verben der sinnlichen Wahrnehmung steht – wie nach Formen von *to be* – statt eines Adverbs stets ein **Adjektiv**, weil diese Verben nicht ausdrücken, wie etwas **geschieht**, sondern wie etwas **aussieht, schmeckt, sich anfühlt** usw.
>
> Die wichtigsten **Verben der sinnlichen Wahrnehmung** sind:
>
> ***to feel*** – **sich (an)fühlen**
>
> ***to look*** – **aussehen**
>
> ***to smell*** – **riechen**
>
> ***to sound*** – **klingen, sich anhören**
>
> ***to taste*** – **schmecken**

→ Vgl. *good, well* 87

ϟ **Vorsicht:** *He **nervously** looked through his notes again.* — **Nervös** sah er noch einmal seine Notizen durch.

In anderen Bedeutungen, wie z. B.:
to feel – **befühlen**
to smell – **riechen (können)**
to look at – **ansehen**

werden auch diese Verben von **Adverbien** begleitet!

Test 3

Setze ***actual, current, topical*** oder ***up-to-date*** ein:

1. *Books on the ozone crisis are very* ________________ *at the moment.*

2. *It's a lot of money, although no one knows the* ________________ *sum.*

3. *Most books on Eastern Europe are no longer* ________________ .

4. *I don't remember his* ________________ *words, but he was against it.*

5. *This progamme always gives you* ________________ *information on* ________________ *affairs.*

Test 4

Setze Adjektiv oder Adverb ein:

1. *This picture looks* ________________ *(nice). The trees are painted* ________________ *(beautiful).*

2. *Harry and Sally looked at each other* ________________ *(happy).*

3. *"Your voice sounds* ________________ *(tired)."– "I am* ________________ *(tired)!"*

4. *I began to feel* ________________ *(uncomfortable), because the teacher was looking at me* ________________ *(angry).*

5. *"These flowers don't smell very* ________________ *(good)."*
   – "Maybe, but I've got a cold and can't smell very ________________ *(good)."*

5 Adverb mit derselben Form wie das Adjektiv

*He's got a **fast** car. He drives very **fast**, too.*	Er hat ein **schnelles** Auto. Er fährt auch sehr **schnell.**
*We were prepared for a **long** wait, but didn't have to wait very **long**.*	Wir waren darauf vorbereitet, **lange** zu warten, aber wir brauchten nicht sehr **lange** zu warten.

> Manche **Adverbien** haben **dieselbe Form** wie das zugehörige **Adjektiv**.
>
> Zu den häufigsten gehören:
>
> ***early, fast, hard, late, long, straight***

→ Vgl. *hard, hardly* 92; *late, lately* 111

Vorsicht: ***hardly*** – **kaum**
lately – **in letzter Zeit**

6 *advice, information, news*

*You should ask your doctor for (his) **advice.***	Sie sollten den **Rat** Ihres Arztes einholen.
*We need some/more detailed **information** on the project.*	Wir brauchen einige / nähere **Informationen** über das Projekt.
*I've got (some) bad **news** for you.*	Ich habe eine schlechte **Nachricht** / schlechte **Nachrichten** für dich.
*No **news is** good news.*	Keine **Nachrichten sind** gute Nachrichten.
*I'd like to give you **a piece of advice.***	Ich möchte Ihnen **einen Rat** geben.
an** interesting **piece of news/information	**eine** interessante **Nachricht/Information**

! **Beachte:** *the* ***news*** (Singular) — (die) **Nachrichten** (im Radio oder Fernsehen)

> ***advice, information, news*** können im Gegensatz zum Deutschen **nur im Singular ohne** unbestimmten **Artikel** gebraucht werden.
>
> Ein einzelner **Rat(schlag)**, eine **Information** oder **Nachricht/Neuigkeit** wird meist durch ***a piece of*** ... ausgedrückt.

→ Vgl. Artikel 15; *work, job* 194

Could anybody give me any information about the whereabouts of my dog Costas. He is a year-old Alsatian/Labrador and was last seen in the Hereson Road area on July 4.

Test 5

Setze ***early, hard, hardly, late, lately*** oder ***straight*** ein:

1. *The train arrived so* ____________ *that we had* ____________ *any time to see anything of the city.*

2. *My aunt drank too much punch and couldn't walk* ______________ .

3. *We've been working very* ____________ ______________ .

4. *I had to get up so* ______________ *that I could* ______________ *get out of bed.*

Test 6

Übersetze:

1. Wo kann ich [ein paar] Informationen über Stellenangebote[1] bekommen?

____

2. Hast du heute früh Nachrichten gehört?

____

3. Wir sind bereit[2], für diese Information 2.000 Dollar[3] zu bezahlen.

____

4. Ich weiß, es sind schlechte Nachrichten für dich. Du hättest meinen Rat annehmen[4] sollen.

____

____

? [1] *job offers;* [2] *prepared;* [3] Vgl. Zahlen 199; [4] *take*

7 Altersangaben

***How old is/What age is** your daughter?*	**Wie alt ist** Ihre Tochter?
She's 19 (years old).	Sie ist 19 (Jahre alt)/19 Jahre.
*James Dean died **at the age of** 24.* (ϟ **nicht:** *with 24!)*	James Dean starb **mit** 24 / **im Alter von** 24 (Jahren).
***I'll be** 49 in December.* (ϟ **nicht:** *years)*	**Ich werde** im Dezember 49 (Jahre).
*He's just **turned** 40.* (ϟ **nicht:** *years)*	Er **ist** gerade 40 (Jahre alt) **geworden.**
*a **four-year-old** child/a child **of** four*	ein **vierjähriges** Kind/ein(e) Vierjährige(r)
*a class of **ten-year-olds***	eine Klasse von **Zehnjährigen**

> Bei Altersangaben genügt wie im Deutschen eine Zahl:
> ***He's 80.***
>
> Wird aber *years* angehängt, dann nur in Verbindung mit ***old***, also:
>
> ***He's 80 years old.*** (ϟ **nicht:** ***He's 80 years***)

8 *among, under*

*There must be a traitor **among us.***	Es muss ein Verräter **unter uns** sein.
*There were several valuable pieces **among** the coins.*	**Unter** den Münzen befanden sich mehrere wertvolle Stücke.
***under** water*	**unter** Wasser
*children **under 14***	Kinder **unter 14** (Jahren)
*China **under** Mao*	China **unter** Mao

> ***among*** entspricht dem deutschen **unter,** wenn es **bei, zwischen** oder **inmitten** bedeutet.
>
> Sonst kann das deutsche **unter** meist durch ***under*** übersetzt werden.

Test 7

Übersetze:

1. Ich bin 27 Jahre alt und habe eine dreijährige Tochter.

____

2. In England und Amerika kommen[1] [die] Kinder mit 5 Jahren in die Schule.

____

3. Meine Tochter wird im Februar 20 (Jahre alt).

____

4. Er hat mit 70 Jahren eine 25-Jährige geheiratet.

____

? 1) *start school*

■ A 100-year-old rain forest tree provides 20 years' worth of oxygen for a human being. Yet man destroys 75 acres of rain forest every hour of every day, and at that rate of deforestation, there will be no intact tropical forest left within 100 years.

Test 8

Setze ***among*** oder ***under*** ein:

1. *I wonder what a Scotsman wears* __________ *his kilt* [1].

2. *There is a lot of unrest* __________ *the steel workers.*

3. *She didn't write the article* __________ *her real name.*

4. *There will be a concert by the Los Angeles Philharmonic Orchestra* __________ *David Miller.*

5. *There are hardly any girls* __________ *his friends.*

? 1) Schottenrock

9 *anxious, afraid* etc.

*She is **anxious** about her daughter's health.*	Sie ist um die Gesundheit ihrer Tochter **besorgt.**
*I'm so **anxious** to meet him in person.*	Ich bin so **gespannt (freue mich** so) darauf, ihn persönlich kennen zu lernen.
*She's always **anxious** to please (everyone).*	Sie **bemüht sich** immer, es allen recht zu machen.
*She looked **afraid/scared/frightened.***	Sie machte ein **ängstliches** Gesicht.
*a **timid** little girl*	ein **ängstliches** (= scheues) kleines Mädchen

> ***anxious*** [ˈæŋkʃəs] wird in zwei sehr unterschiedlichen Bedeutungen verwendet:
>
> 1. **besorgt, beunruhigt** – meist auf ungewisse Ereignisse bezogen,
> 2. **begierig, bemüht, gespannt darauf** (etwas zu tun).
>
> Das deutsche **ängstlich** wird meist durch ***afraid, scared, frightened*** oder ***timid*** (= scheu) ausgedrückt.

Apostroph

10 Apostroph: *its, it's*

*London and **its** suburbs* *the baby in **its** cradle*	London und **seine** Vororte das Baby in **seiner** Wiege
***It's** (= it is) a nice town.* ***It's** (= it is) raining.* ***It's** (= it is) me!*	**Es ist** eine hübsche Stadt. **Es** regnet. Ich **bin's!**
***It's** (= it has) got a belt.* ***It's** (= it has) been nice talking to you.*	**Es** (das Kleid) **hat** einen Gürtel. **Es war** nett, mit Ihnen zu sprechen.

> ***its*** ist ein **Possessivpronomen** und bezieht sich auf eine Sache oder Gruppe, ein Tier oder ein kleines Kind.
> ***its*** wird immer **in einem Wort** geschrieben.
>
> ***it's*** ist eine Abkürzung von ***it is*** oder ***it has.***

Test 9

Setze ***anxious*** oder ***afraid*** ein:

1. *Having heard so much about the film, we're ______________ to see it.*

2. *Don't be ______________, I won't hurt you!*

3. *I was ______________ to find out about the results of the exam,*

   but I was too ______________ to ask.

4. *When we learned about the earthquake in*

   San Francisco, we were ______________ for our

   daughter's safety.

Test 10

Setze ***its*** oder ***it's*** ein:

1. *Poor little kitten! __________ hurt __________ paw.*

2. *__________ the postman.*

3. *I love New York, __________ parks, __________ museums and __________ theatres.*

4. *__________ time to feed the baby. __________ crying.*

5. *The plan may have __________ advantages, but __________ far too complicated.*

6. *__________ been raining cats and dogs.*

11 Apostroph: vor Plural-*s*

You have to write more carefully; your ***n's*** *look like* ***u's****.*

Du musst sorgfältiger schreiben; deine **n** sehen wie **u** aus!

English ***1's*** *and* ***7's*** *are different from the German figures.*

Die Zahlen **1** und **7** sind im Englischen anders als die deutschen Zahlen.

in the ***1990s (1990's)***

In den **neunziger Jahren**

two ***CDs (CD's)*** *= compact discs*

Zwei **CDs** = **Compact Discs**

Vor dem **Plural-*s*** darf normalerweise **kein** Apostroph stehen:
one month – two months.

Alleinstehende Buchstaben oder **Ziffern** aber werden im Plural **mit** Apostroph **+ *s*** geschrieben.
Häufig steht Apostroph **+ *s*** auch nach **Jahrzehnten** und **Abkürzungen:** ***the 80's*** – die **80er Jahre**, ***CFC's*** – **FCKW**

12 Apostroph: *s*-Genitiv

*my father****'s*** *car*

*the cat****'s*** *tail*

*Jim****'s*** *book*

*Charles****'s*** [ˈtʃa:lzɪz] *wife*

*Mr. Jones****'s*** [ˈdʒəʊnzɪz] *house*

*the children****'s*** *playground*

*women****'s*** *rights*

Der **Genitiv (Besitzfall)** bei **Personen** und meist auch bei **Tieren** wird gebildet durch Anhängen von Apostroph **+ *s*** (**'*s***).
Dies gilt auch für **Namen,** die auf **-*s*** enden und ebenfalls für alle **nicht** auf **-*s*** endenden **Pluralformen.**

ϟ **Vorsicht:**

*my parent****s'*** *car; the Jon****es'*** *home*

Ist schon ein **Plural-*s*** vorhanden, wird nur ein **Apostroph** **'** angehängt.

Test 11

Setze **s** oder **'s** ein:

1. *The 1950 _____ were the golden age of rock' n' roll.*

2. *Americans often confuse German 7 _____ with F_____ .*

3. *Germans often have trouble pronouncing their th _____ .*

4. *There were two MP_____ (=Members of Parliament) and three pop star _____ in the talk show.*

Test 12

Setze **'s** oder **'** ein:

1. *my daughter_____ bike*

2. *Dennis new job*

3. *our neighbours _____ garden*

4. *our neighbour_____ wife*

5. *the Beatles _____ songbook*

6. *the dog bone*

7. *the policemen _____ uniforms*

8. *St. James _____ Park*

13 *art, way, kind, sort, species*

*I love the **art** of Roy Lichtenstein.*	Ich liebe Roy Lichtensteins **Kunst** (↯ **nicht:** Art).
*I like the **way** he uses comics in his paintings.*	Mir gefällt die **Art**, wie er Comics in seinen Bildern verwendet.
*all **kinds/sorts** of books*	alle **Arten** von Büchern
*endangered **species***	vom Aussterben bedrohte **Art(en)**

art	–	die **Kunst**
way	–	die **Art** (und Weise)
kind/sort	–	die **Art, Sorte**
species [ˈspiːʃiːz] (Sg. u. Pl.)	–	(biologische) **Art(en)**

Artikel

14 Artikel: *a/an*

a man	*an old man*
a green apple	*an apple*
a half hour	*(half) an hour*
a uniform	*an impressive uniform*

Der unbestimmte Artikel ***a*** wird verwendet, wenn das darauffolgende Wort am Anfang mit einem **Konsonanten gesprochen** wird,
der unbestimmte Artikel ***an*** dagegen, wenn es mit einem **Vokal gesprochen** wird.

! **Beachte:**

a university [juːnɪˈvɜːsɪti] aber ***an heiress*** [ˈeərɪs] (Erbin)

Nicht die Schreibung, sondern die **Aussprache** ist **maßgeblich!**

Test 13

Setze ***art, kind(s)/sort(s), species*** oder ***way*** ein:

1. *I don't like the* ____________ *some people laugh at the handicapped.*
2. *What* ____________ *of wine would you like?*
3. *The crocodile is a protected* ____________ .
4. *Hamburgers and hot dogs are not the only* ____________ *of food that is typical of the American* ____________ *of life.*
5. *Painting, sculpture, architecture – I like all* ____________ *of* ____________ .

ART

■ Western artist Alexandre Hogue's works are on view in a small retrospective, "Nature's Forms/ Nature's Forces," at the National Museum of American Art through Nov. 3. Hogue keeps camp with artists Grant Wood, Thomas Hart Benton and

Test 14

Setze ***a*** oder ***an*** ein:

1. ______ *whole hour*
2. ______ *interesting book*
3. ______ *one-man band*
4. ______ *own goal* [1)]
5. ______ *rich heiress*
6. ______ *united Germany*
7. ______ *uninhabited island*
8. ______ *U.S. general*
9. ______ *unidentified flying object*
10. ______ *UFO*

? [1)] Eigentor

15 Artikel: bei allgemeinen Begriffen

Life *is short.*	**Das Leben** ist kurz.
I love ***nature.***	Ich liebe **die Natur.**
They fought for ***freedom.***	Sie kämpften für **die Freiheit.**
I always go jogging before ***breakfast.***	Ich gehe immer vor **dem Frühstück** joggen.
School *begins at 8.*	**Die Schule** fängt um 8 an.
You'll go ***to prison*** *for that.*	Dafür kommst du **ins Gefängnis.**
Will ***man*** *survive?*	Wird **der Mensch** (als Gattung) überleben?

Bei vielen **Substantiven**, vor allem den sogenannten **Abstrakta,** steht im Englischen **kein** Artikel, wenn sie als **allgemeine Begriffe** gebraucht werden:

life/nature – **das Leben/die Natur** an sich
school – **die Schule** als Institution

Eine besondere **Fehlerquelle** besteht darin, dass viele der deutschen Entsprechungen **mit** Artikel gebraucht werden.

! **Beachte:**

The life of a politician *is pretty hectic.*	**Das Leben eines Politikers** ist ganz schön hektisch.
The breakfast I had at the hotel *was lousy.*	**Das Frühstück, das ich im Hotel bekam,** war miserabel.
Is this ***the school you go to?***	Ist dies **die Schule, auf die du gehst?**

Wenn ein allgemeiner Begriff durch einen Zusatz näher bestimmt ist, wird auch im Englischen der **Artikel** gebraucht.

→ Vgl. *advice, information, news 6; work, job* 194

Setze – wo nötig – den bestimmten Artikel ***the*** ein:

1. *Martin Luther King fought for ________ freedom of the Blacks in America.*
2. *We always go to ________ church on Sundays.*
3. *We serve ________ dinner at 7 p.m.*
4. *In the Lake District you can admire ________ nature in all its beauty.*
5. ________ *success is all that counts for him.*
6. *All you need is ________ love.*
7. *Kirk was ________ great love of her life.*
8. *When did ________ man invent the wheel?*
9. *Politicians must always think of ________ man in the street.*
10. *Well, that's ________ life! You can't always lead ________ life you want.*
11. ________ *success of The Graduate had a lot to do with ________ music written by Simon and Garfunkel.*

16 Artikel: bei Gewässernamen

the North Sea/the Atlantic (Ocean)	**die Nordsee/der Atlantik**
the (River) Thames/the Rhine	**die Themse/der Rhein**

Bei **Namen von Gewässern** steht wie im Deutschen meist der **bestimmte Artikel.**

ϟ **Vorsicht:**

Lake Constance/Lake Geneva – **der Bodensee/der Genfer See**

Bei Eigennamen in Verbindung mit ***Lake*** (= See) steht **kein Artikel!**

→ Vgl. *sea, lake* 165

17 Artikel: vor *hundred, thousand*

*He's got over **a thousand** books.*	Er hat über **tausend** Bücher.
***a/one hundred** years ago*	vor (ein) **hundert** Jahren
***one thousand one hundred** and one*	(ein)**tausendeinhundert**(und)eins

Vor den beiden Zahlenangaben ***hundred/thousand*** steht immer ***a*** oder ***one,*** wenn sie gesprochen oder ausgeschrieben werden.

Bei **ungefähren** Angaben steht meist ***a,*** bei **genauen** Angaben meist ***one.***

→ Vgl. Zahlen 199

Test 16

Übersetze:

1. Der Mississippi ist der längste Strom[1] Nordamerikas.

____

2. Chicago liegt am[2] Michigan-See.

____

3. Der Pazifik ist tiefer als die anderen Weltmeere[3].

____

? [1] Vgl. *river, stream* 162; [2] *on*; [3] *oceans*

Test 17

Übersetze:

1. ungefähr hundert Pfund ______________________

2. tausendvierhundertzehn Einwohner ______________________

3. hundertzweiundfünfzigtausend Dollar ______________________

4. fast tausend Menschen ______________________

18 Artikel: bei Länder-, Orts- und Straßennamen

*He lives in **Alsace** and works in **Switzerland.*** — Er wohnt **im Elsass** und arbeitet **in der Schweiz.**

*Of course we wanted to see **Buckingham Palace** and **Hyde Park.*** — Natürlich wollten wir **den Buckingham-Palast** und **den Hydepark** sehen.

5th Avenue/Broadway — **die 5th Avenue/der Broadway**

Tower Bridge — **die Towerbrücke**

> Die meisten **Namen** von Ländern, Straßen, Plätzen und Gebäuden im **Singular** haben **keinen bestimmten Artikel.**

Vorsicht:

Es gibt auch Ausnahmen, z.B. ***the (British) Commonwealth; the Tower of London; the Golden Gate Bridge; the High Street*** (Hauptgeschäftsstraße in vielen britischen Städten).

*the **Netherlands*** — **die Niederlande**

the Lanes — **Altstadtgassen in Brighton**

the Houses of Parliament — **das Parlament** (in London)

> Bei **Namen im Plural** steht wie im Deutschen meist der **bestimmte Artikel.**

Übersetze:

1. Die Oxford Street und die Regent Street sind berühmte Einkaufsstraßen.

____

2. Wart ihr schon in[1] der Westminsterabtei und der St.-Pauls-Kathedrale?

____

3. Diese Körbe werden auf[2] den Philippinen[3] hergestellt.

____

4. Das Stück wurde zuerst[4] auf dem Broadway gezeigt.

____

5. Sie ist[5] in der Türkei geboren.

____

6. Es gibt viele Jogger im Centralpark.

____

____

"It's the only sure way of getting through the tourists in Oxford Street!"

? 1) *to*; 2) *in*; 3) *Philippines*; 4) Vgl. *first, at first* 77; 5) *was*

19 Artikel: bei Planeten

*There's no life on **Mars.***	Es gibt kein Leben auf **dem Mars.**
*Armstrong was the first man on **the moon.***	Armstrong war der erste Mensch auf **dem Mond.**

Mit Ausnahme von ***earth, moon*** und ***sun*** werden die Namen von **Planeten** immer **ohne Artikel** gebraucht.

20 Artikel: bei *space*

*The rocket soared into **space.***	Die Rakete raste in das **Weltall**.

space wird in der Bedeutung **Weltall, Weltraum** immer **ohne Artikel gebraucht.**

Vorsicht:

***the** universe* **das** Universum

21 Artikel: bei Zugehörigkeit zu einer Gruppe

*My mother was **an actress.***	Meine Mutter war **Schauspielerin.**
*Dr. Docherty is **a Scot.***	Dr. Docherty ist **Schotte.**
*J.F. Kennedy was **a Democrat.***	J.F. Kennedy war **Demokrat.**
*Gandhi was **a Hindu.***	Gandhi war **Hindu.**

Der **unbestimmte Artikel** steht vor Substantiven, welche die **Zugehörigkeit zu einer Gruppe** bezeichnen, z.B. bei Berufen, Nationalitäten, Parteien und Religionen.

Beachte:

In den **deutschen Entsprechungen** steht meist **kein** Artikel.
Zum Beispiel: Mein Onkel ist Clown (= Beruf) ... *a clown*
Mein kleiner Bruder ist ein Clown (= albert immer herum) ... *a clown*

Test 19

Setze – wo nötig – den Artikel ***the*** ein:

1. *Space probes*[1] *have been sent to* ________ *Mercury,* ________ *Jupiter, and* ________ *Venus.*

2. ________ *earth moves round* ________ *sun.*

3. *H. G. Wells' novel "War of the Worlds" deals with the invasion of* ________ *earth from* ________ *Mars.*

? [1] Raumsonden

Test 20

Übersetze:

1. Sputnik I wurde im Jahre 1957 in den Weltraum geschickt.

____

2. Yuri Gagarin war der erste Mensch im Weltraum.

____

Test 21

Übersetze:

1. Martin Luther King war Pfarrer, und wie Gandhi war er Pazifist.

____

2. Sie ist Studentin und möchte Ärztin werden[1]. ________________

____

3. Ich bin Deutscher, aber in erster Linie[2] bin ich Europäer. ________

____

? [1] *be;* [2] *first of all*

22 *as, how* in Nebensätzen

***As** I said before ...*	**Wie** ich schon sagte ...
*Just **as** you wish.*	Ganz **wie** Sie wünschen.
*Come **as** you are!*	Wörtlich: Kommen Sie, **wie** Sie sind! (Es gibt keine Kleidervorschriften.)
*Could you tell me **how** I can get there?*	Könnten Sie mir sagen, **wie** ich dort hinkomme?
*I don't understand **how** such a stupid thing could happen.*	Ich verstehe nicht, **wie** so etwas Dummes passieren konnte.

Die **Konjunktion *as*** leitet einen **Vergleichssatz** ein.
Das **Fragewort *how*** gibt an, **wie, auf welche Weise** etwas geschieht.

→ Vgl. *like, as* 117; *as, since* 23; *how, what (... like)* 98

23 *as, since* in Nebensätzen

***As/since** we had no car, we had to walk.*	**Da** wir kein Auto hatten, mussten wir zu Fuß gehen.
***As** I sat there I saw a man climb out of the window.*	**Während** ich da saß, sah ich einen Mann aus dem Fenster klettern.
*I havent't heard from her **since** I last met her.*	Ich habe nichts von ihr gehört, **seit** ich sie das letzte Mal traf.

Sowohl ***as*** als auch ***since*** können anstelle von ***because*** in der Bedeutung **da, weil** gebraucht werden.

as kann aber auch wie ***while*** ausdrücken, dass **zwei Handlungen gleichzeitig** stattfinden, und entspricht dann **während, als.**

since in der Bedeutung **seit** leitet **temporale Nebensätze** ein und weist auf einen Zeitpunkt in der **Vergangenheit.**

→ Vgl. *as, how* 22; *for, since* 80

Test 22

Setze ***as*** oder ***how*** ein:

1. *He doesn't remember ________ the accident happened. He was driving to work ________ he had done so many times.*

2. *I can't understand ________ people can mix up African and Indian elephants. I'll show you ________ you can tell them apart. ________ you can see, the African elephant is taller and has much bigger ears.*

Test 23

Setze ***as*** oder ***since*** ein:

1. ____________ *I didn't have much time I took a taxi to the airport.*

2. ____________ *Turner grew older his paintings became more and more abstract.*

3. *It's two years now* ____________ *she went away.*

4. ____________ *he started working for us we've had nothing but problems.*

"And what have you been doing with yourself since *you left school?"*

24 *as, than*

He's (just) ***as intelligent as*** *his sister.*	Er ist (genau) **so intelligent wie** seine Schwester.
There are (just) ***as many*** *tourists here* ***as*** *(there were) last year.*	Es sind **genauso viele** Touristen da wie im vergangenen Jahr.
The cafeteria food tastes ***just as bad as*** *it smells.*	Das Kantinenessen schmeckt **genauso schlecht wie** es riecht.
He's (just) ***as good*** *a cook* ***as*** *I am.*	Er kocht (genau) **so gut wie** ich.

Wenn wir Personen, Dinge, Eigenschaften, Handlungen usw. miteinander vergleichen, verwenden wir bei **Gleichheit** die Konstruktion ***as ... as*** **– (genau) so ... wie.**

Zur Betonung wird oft ***just*** **(genau)** hinzugefügt.

She's ***more intelligent than*** *her brother.*	Sie ist **intelligenter** als ihr Bruder.
There are ***fewer*** *tourists here* ***than*** *(there were) last year.*	Es sind **weniger** Touristen da **als** im vergangenen Jahr.
The cafeteria food tastes ***better than*** *it smells.*	Das Kantinenessen schmeckt **besser als** es riecht.
He's a ***better*** *cook* ***than*** *I am.*	Er kocht **besser als** ich.

Ungleichheit können wir folgendermaßen ausdrücken:

bigger/better/smaller/more expensive *(usw.)* ***than*** – größer/besser/kleiner/teurer (usw.) als

→ Fortsetzung zu *as, than* vgl. Seite 34

Test 24

Setze ***as*** oder ***than*** ein:

1. *They arrived earlier* __________ *usual.*

2. *When are we having supper? I'm* __________ *hungry* __________ *a wolf.*

3. *Better late* __________ *never, I always say.*

4. *Without his glasses he's* __________ *blind* __________ *a bat*[1].

5. *It gets hotter* __________ *hell here in summer.*

6. *The car's running much more smoothly* __________ *it used to.*

7. *Now run* __________ *fast* __________ *you can!*

8. *We need clean energy more* __________ *ever bevore.*

Bilde Vergleichssätze nach folgendem Muster:

David is six foot tall. So is Adam.
(tall) = *Adam is* ***as tall as*** *David.*

John runs a mile in four minutes. Bill runs a mile in 3 minutes 50 seconds.
(fast) = *Bill runs* ***faster than*** *John.*

9. *The compact disc is £ 6.95. The cassette is £ 5.95.*

   *(**cheap**)* = ____

10. *The oranges are 75p a pound. The apples are 45p a pound.*

    *(**expensive**)* = ____

11. *You behaved very badly. So did your brother.*

    *(**badly**)* = ____

12. *Pete solved the maths problem in 10 minutes. Sally did it in 8 minutes.*

    *(**quickly**)* = ____

? [1] Fledermaus

→ Fortsetzung zu *as, than* vgl. Seite 35

Fortsetzung von *as, than*

*He's **not as intelligent as** his sister.*	Er ist **nicht so intelligent wie** seine Schwester.
*There are**n't** **as many** tourists here **as** (there were) last year.*	Es sind **nicht** **so viele** Touristen da **wie** im vergangenen Jahr.
*The cafeteria food does**n't** taste **as bad as** it smells.*	Das Kantinenessen schmeckt **nicht** **so schlecht wie** es riecht.
*I'm **not** **as good** a cook **as** he is.*	Ich koche **nicht** **so gut wie** er.

!

Beachte:

*Charter flights are **less** **expensive than** (= **not as expensive as**) scheduled flights.*	Charterflüge sind **weniger** **teuer als** (= **nicht so teuer wie**) Linienflüge.

Ungleichheit können wir außerdem auch durch ***not as ... as*** – **nicht so ... wie** oder (etwas förmlicher) durch ***less ... than*** – **weniger ... als** ausdrücken.

*You've made **the same mistake** as last time.*	Du hast **den gleichen Fehler wie** letztes Mal gemacht.
*Women still do**n't** get **the same wages as** men.*	Frauen bekommen immer noch **nicht** **die gleichen Löhne wie** Männer.
*I was exactly **the same age as** you are now.*	Ich war in genau **dem gleichen Alter wie** du (heute).

Vergleiche werden vor allem bei **Substantiven** auch folgendermaßen ausgedrückt:

(not) the same ... as – **(nicht) der/die/das gleiche ... wie**

Fortsetzung von *as, than*

Übersetze:

13. Der Film ist genauso langweilig wie das Buch.

____

14. Das diesjährige[1] Wimbledon-Finale war nicht so spannend wie das letztjährige[2].

____

15. Manche Lehrer interessieren sich mehr für[3] ihren Stoff[4] als für ihre Schüler.

____

16. Sie fährt besser und vorsichtiger als ihr Mann.

____

17. Heutzutage[5] nehmen die Menschen Umweltprobleme ernster als vor 20 Jahren.

____

18. Perfekte Aussprache ist weniger wichtig als ein großer Wortschatz[6]. __________

____

____

19. Ihr Kleid hat[7] die gleiche Farbe wie ihre Augen. __________________

____

"Frankly, I'm disappointed in the planet Earth. It's a lot smaller than I thought it would be."

? [1] *This year's*; [2] *last year's*; [3] sich interessieren für – *be interested in*; [4] *subject matter*; [5] *These days*; [6] *vocabulary*; [7] *is*

25 *at last, at least*

Ken has passed his driving test ***at last.***	Ken hat **endlich** seine Fahrprüfung bestanden.
Here they are ***at last!***	Da sind sie ja **endlich!**
The hotel wasn't good, but ***at least*** *it was cheap.*	Das Hotel war nicht gut, aber **wenigstens** billig.
at least *£5/a year*	**mindestens** 5 Pfund/ein Jahr

at last	–	**endlich**
at least	–	**wenigstens, mindestens, zumindest**

→ Vgl. *last, latest* 110

26 *attend, visit*

Most people in England ***attend*** *school up to the age of sixteen. (* ϟ **nicht:** *visit)*	Die meisten Menschen in England **besuchen** die Schule bis zum Alter von 16 Jahren.
Schools ***are visited*** *regularly by school inspectors.*	Die Schulen **werden** regelmäßig von Beamten der Schulbehörde/Schulräten **besucht.**
to ***attend*** *college/church/a concert/a meeting*	das College/den Gottesdienst/ein Konzert/eine Versammlung **besuchen**
to ***visit*** *a country/a town/a museum/relatives*	ein Land/eine Stadt/ein Museum/Verwandte **besuchen**

to attend	–	**(regelmäßig** eine Einrichtung) **besuchen, teilnehmen an**
to visit	–	(einen Ort oder jemanden) **besuchen, besichtigen**

Test 25

Setze ***at last*** oder ***at least*** ein:

1. *He may be a slow worker, but* ________________ *he's honest.*

2. *Home* ________________ *!*

3. *The police have caught the killer* ________________.

4. *I need seven hours of sleep* ________________.

5. ________________ *I've found the right girl –* ________________ *I think I have.*

Test 26

Setze die richtigen Formen von ***attend*** oder ***visit*** ein:

1. *Many au-pair girls* ________________ *evening classes to learn the language.*

2. *When I* ________________ *London for the first time, I was surprised at the number of street markets.*

3. *He's going to* ________________ *an international conference in Toronto.*

4. *If you are unable to* ________________ *the wedding, please let me know.*

5. *Do you live here? – No, I'm just* ________________.

6. *When the U.S. President* ________________ *Germany, he will* ________________ *a session of Parliament.*

● Trained to rescue cats

EIGHT trainee RSPCA (Royal Society for the Prevention of Cruelty to Animals) inspectors attended a course on tree-climbing recently in woods at Peasmarsh, Surrey, to help them train to rescue trapped cats.

27 *bank, bench*

She works in a ***bank.***	Sie arbeitet in einer **Bank.**
Two old ladies were sitting on a park ***bench.***	Zwei alte Damen saßen auf einer Park**bank.**
a ***blood bank***	eine **Blutbank**

bank	–	**Bank** (= Geldinstitut), auch in **übertragenen** Bedeutungen (Datenbank, Blutbank)
bench	–	**Bank** (= Sitzgelegenheit)

28 *become, get*

After the Beatles had split up in 1970, the Rolling Stones ***became*** *the most popular group in the world.*	Nachdem sich die Beatles 1970 getrennt hatten, **wurden** die Rolling Stones die beliebteste Gruppe der Welt.
What will ***become*** *of me if they sell the business?*	Was soll aus mir **werden,** wenn sie den Betrieb verkaufen?
I ***got*** *a shock when I saw him. (↯* **nicht:** *became)*	Ich **bekam** einen Schock, als ich ihn sah.
John ***got*** *a car for his 18th birthday. (↯* **nicht:** *became)*	John **bekam** zu seinem 18. Geburtstag ein Auto.

!

Beachte:

It's ***getting/becoming*** *colder and colder.*	Es **wird** immer kälter.
I ***got/became*** *very angry.*	Ich **wurde** sehr böse.

get heißt in Verbindung mit Adjektiven **werden** und wird dann dem förmlicheren ***become*** sogar vorgezogen.

to become	–	**werden**
to get	–	**bekommen**
to get **+ Adjektiv**	–	**werden**

Test 27

Setze ***bank*** oder ***bench*** ein:

1. *This wooden ____________ is not very comfortable* [1].

2. *We haven't got any money in the ____________ .*

3. *They get their information from a huge data ____________ .*

4. *The ____________ closes at 5 p.m.*

? [1] Vgl. *comfortable, luxurious* 52

Test 28

Setze die richtigen Formen von ***become*** und ***get*** ein:

1. *After Elvis Presley's death his home ______________ a place of pilgrimage.*

2. *I ______________ a letter from her this morning.*

3. *Let's find a hotel before it ______________ dark.*

4. *What has ______________ of that pretty little girl that lived next door to you?*

5. *Can you ______________ the BBC World Service on your radio?*

"He's worried about getting old. He counted the first brown hairs among the pink this morning."

29 *before, in front of*

I always take a shower ***before*** *having breakfast.*	Ich dusche immer **vor** dem Frühstück.
Lots of people were standing ***in front of*** *the cinema.*	**Vor** dem Kino standen viele Menschen.
He called me a rat ***in front of*** *all the others.*	Er hat mich **vor** allen anderen eine Ratte genannt.

before (Gegenteil: ***after)*** wird fast nur **zeitlich** verwendet oder um eine **Reihenfolge** oder **Rangordnung** auszudrücken.

in front of (Gegenteil: ***behind***) wird nur **räumlich** im Sinne von (direkt) **vor etwas** oder **jemandem** oder **in Anwesenheit von** jemandem verwendet.

30 *big, great*

a ***big*** *box/bell*	eine **große** Kiste/Glocke
my ***big*** *brother/toe*	mein **großer** Bruder/Zeh
the ***big*** *bang*	der **große** Knall (= Urknall)
a ***big*** *star*	ein **großer** (= erfolgreicher, beliebter) Star
a ***great*** *moment*	ein **großer** Augenblick
a ***great*** *poet*	ein **großer** Dichter
great *pleasure*	**große** Freude
John Wayne was a ***big*** *man, but not exactly a* ***great*** *actor.*	John Wayne war ein **großer, starker** Mann, aber nicht gerade ein **großer** Schauspieler.

big kann in **wörtlicher** (*a* ***big*** *house*) und **übertragener** Bedeutung (***big*** *money*) verwendet werden.
great wird fast nur in **übertragener** Bedeutung verwendet, meist im Sinne von **großartig, hervorragend, bedeutend.**
Vor **nur** im **Singular** vorkommenden **Substantiven** wie ***courage, fun*** etc. wird fast nur ***great*** verwendet.

→ Vgl. *big, tall* 31; *short, small* 172

Test 29

Setze ***before*** oder ***in front of*** ein:

1. *There was a lorry parked right* ________________ *my car.*

2. *You shouldn't say such things* ________________ *the children.*

3. *They arrived at the hotel* ________________ *us.*

4. *Quality must always come* ________________ *quantity.*

Test 30

Setze ***big*** oder ***great*** ein:

1. *She does her work with* ____________ *care.*

2. ____________ *Brother is watching you!*

3. *Americans used to love* ____________ *cars.*

4. *Abraham Lincoln was a* ____________ *president.*

5. ____________ *business often has a hand in politics.*

6. *The postman was bitten by a very* ____________ *dog.*

7. *The news was greeted with* ____________ *enthusiasm.*

8. *We've got 2000 students, and that makes us a* __________ *school.*

31 *big, tall* bei Personen

At 14 John's already as ***tall*** *as his father.* — John ist mit 14 schon so **groß** wie sein Vater.

Heavyweight boxers are ***big*** *men.* — Schwergewichtsboxer sind **große, starke** Männer.

She got too ***big*** *for a ballet dancer.* — Sie wurde zu **groß (und schwer)** für eine Balletttänzerin.

my ***big*** *sister* — meine **große** Schwester

big (Gegenteil: ***small***) bedeutet **groß, schwer** und **stark,** auch **mächtig**.
tall (Gegenteil: ***short***) bezieht sich nur auf die **Körperlänge.**
big kann im **übertragenen** Sinne auch **älter, erwachsen** bedeuten.

→ Vgl. *big, great* 30; *short, small* 172; *thick, fat* 183

32 *billion*

The new housing estate will cost two ***billion****/two* ***thousand million*** *pounds.* — Das neue Wohnungsbauprojekt wird zwei **Milliarden** Pfund kosten.

The Gross National Product of the USA is almost ***four trillion/4,000 billion*** *dollars.* — Das Bruttosozialprodukt der USA beträgt fast **vier Billionen** Dollar.

a billion/a thousand million – **eine Milliarde** (10^9)
a trillion/a thousand billion – **eine Billion** (10^{12})

Vorsicht:

Früher entsprach im britischen Englisch ***billion*** der deutschen **Billion.** Dieser Gebrauch ist **veraltet.**

Test 31

Setze ***big*** oder ***tall*** ein:

1. *She likes men that are* ________ *and slim.*

2. *Don't cry, you're a* ________ *girl now.*

3. *Hemingway was a* ________ *man: he was six feet* ________ *and weighed over 200 pounds.*

4. *If you hit me, I'm going to tell my* ________ *brother!*

Test 32

Übersetze:

1. Die Weltbevölkerung beträgt[1] ungefähr fünf Milliarden.

____

2. In unserer Milchstraße[2] allein gibt es fast eine Billion Sterne.

____

? 1) *is;* 2) *Galaxy*

> **"The Universe was created somehow about 15,000 million years ago. I was away at the time."**
> — *Astronomer Patrick Moore, asked how it all began.*

33 *birthday*

***It's my birthday** today. (ϟ **nicht:** I have)*	**Ich habe** heute **Geburtstag.**
*When **is Pat's birthday?***	Wann **hat Pat Geburtstag?**
***My birthday is** on December 16th.*	**Ich habe** am 16. Dezember **Geburtstag.**

! **Beachte:**

> **Jemand hat Geburtstag (am ...)** wird im Englischen durch ***it's someone's birthday*** bzw. ***someone's birthday is on ...*** ausgedrückt.

34 *biscuit, cookie etc.*

a tin of biscuits	eine Dose **Kekse**
the cookie jar	die **Keks**dose (Die gibt es in jeder amerikanischen Küche!)

biscuit [ˈbɪskɪt]	–	in England: **Keks, Plätzchen**
cookie [ˈkʊkɪ]	–	in Amerika: **Keks, Plätzchen**
cracker	–	**Cracker** (= ungesüßtes Gebäck)

ϟ **Vorsicht:** ***a sponge (cake)*** — ein **Biskuit**boden

35 *borrow, lend*

***I borrowed** 10 dollars from him.*	**Ich habe mir** 10 Dollar von ihm **geliehen.**
***He lent** me 10 dollars.*	**Er hat** mir 10 Dollar **geliehen.**

***to borrow** something (from someone)*	–	**sich** etwas (von jemandem) **(aus)leihen**
***to lend** someone something*	–	jemandem etwas **leihen,** etwas an jemanden **verleihen**

Test 33

Übersetze:

1. Meine Tochter hat am 4. Februar Geburtstag.

____

2. Hat Tom nächste Woche Geburtstag?

____

3. Ich habe gehört, dass du heute Geburtstag hast.

____

> ● **IF TODAY IS YOUR BIRTHDAY:** You are kindhearted, generous, impressionable. You have a magnetic personality with lots of ambition. Marriage and your home life will be important to you this year
>
> ● **IT'S THEIR BIRTHDAY:** Linda Ronstadt, 36; Julian Bream, 49; Hammond Innes, 69.

Test 34

Sage auf Englisch…

1. …, dass du nur Käse und Cracker möchtest.

____

2. … zu Engländern, dass sie Tee und Gebäck haben können.

____

3. … zu Amerikanern, dass du diese Kekse selbst gemacht hast.

____

Test 35

Setze die richtigen Formen von ***borrow*** oder ***lend*** ein:

1. *Could you* ________________ *me your car for a few hours?*

2. *Could I* ________________ *your car for a few hours?*

3. *I'm sorry, I can't* ________________ *you this book. It's not mine.*

4. *I'm going to pay back all the money I have* ________________ .

36 *boss, chef, chief*

*I wouldn't mind my **boss** being a woman.*	Ich hätte nichts dagegen, wenn mein **Chef** eine Frau wäre.
*The Swan River Restaurant is looking for a new **chef**.*	Das Swan River Restaurant sucht einen neuen **Küchenchef.**
*an Indian **chief***	ein Indianer**häuptling**
*the **chief** of police*	der Polizei**chef**
***Chief** Inspector Derrick*	**Haupt**kommissar [1] Derrick

boss	–	**Chef(in)** (auch im übertragenen Sinne)
chef [ʃef]	–	**Küchenchef, Chefkoch, Koch**
chief [tʃi:f]	–	**Häuptling;** (besonders in Zusammensetzungen) **Haupt-, Chef-, Ober-, Oberster ..., leitender ...**

? [1] wörtlich: **Ober**inspektor. Dienstgrade sind nur annähernd übertragbar

37 *brave, good*

*Be **brave** – it'll only hurt for a moment.*	Sei **tapfer** – es wird nur einen Augenblick wehtun.
*Bye, children. Be **good!***	Tschüss, Kinder. Seid **brav!**

brave	–	**tapfer, mutig, kühn**
good	–	**brav**

Test 36

Setze ***boss, chef, chief*** oder ***Chief*** ein:

1. *Crazy Horse was a* ____________ *who led the Sioux against General Custer at Little Big Horn.*

2. *He asked his* ____________ *for more money.*

3. *Many people think that the* ____________ *Justice* [1] *is the most powerful man in the U.S.A.*

4. *How would you like to be your own* ____________ *?*

5. *"This food is uneatable," said the owner of the restaurant to the* ____________ *. "I'll show you who's* ____________ *. You're fired!"*

? [1] Oberster Bundesrichter

The chief's not always the boss

Test 37

Setze ***brave*** oder ***good*** ein:

1. *I hope the kids will be* ____________ *when they visit their aunt.*

2. *The Greenpeace people made another* ____________ *attempt to save the whales.*

3. *Come here, give me your paw.* ____________ *dog!*

38 *bring, take*

The postman ***brings*** *the letters every morning.*	Der Postbote **bringt** jeden Morgen die Briefe.
She always ***brings*** *something for the children.*	Sie **bringt** den Kindern immer etwas **mit.**
Why don't you ***bring*** *your boyfriend to the party?*	**Bring** doch deinen Freund **mit** zur Party!
I've got to ***take*** *this letter to the post office/* ***take*** *the children to school.*	Ich muss diesen Brief zur Post **bringen**/die Kinder zur Schule **bringen.**
Don't forget to ***take*** *your umbrella!*	Vergiss nicht, deinen Schirm **mit**zu**nehmen!**

to bring – **(her)bringen**, etwas oder jemanden **mitbringen**

to take – **(hin-, weg)bringen, mitnehmen**

39 *build, form, shape*

They ***built*** *the house themselves.*	Sie **haben** das Haus selbst **gebaut.**
He can't ***form*** *a correct sentence.* (ϟ **nicht:** *build)*	Er kann keinen richtigen Satz **bilden.**
Steam ***forms*** *when water boils.*	Dampf **bildet sich,** wenn Wasser kocht.
She ***shaped*** *the dough into biscuits.*	Sie **formte** den Teig zu Plätzchen.

to build – **bauen**

to form – **(sich) bilden**

to shape – **formen**

Test 38

Setze die richtigen Formen von ***bring*** oder ***take*** ein:

1. *Can you* ____________ *me to the station in the morning?*
2. *Her husband often* ____________ *her flowers.*
3. *Alan* ____________ *me home in a taxi last night.*
4. *I wonder what the 90's are going to* ____________ .
5. *Would you* ____________ *me a glass of wine, please?*

   And could you ____________ *these dirty dishes away?*
6. *I'll* ____________ *these books back to the library and*

   ____________ *you some more.*

Test 39

Setze ***built, formed*** oder ***shaped*** ein:

1. *The policemen* ____________ *a chain to stop the crowd.*
2. *The birthday cake was* ____________ *like a heart.*
3. *Some birds have* ____________ *their nests under our roof.*
4. *The present participle is* ____________ *by adding -ing to the infinitive.*
5. *When we arrived, a long queue of people had* ____________ *outside the cinema.*

40 *by, at, near, with* in Ortsangaben

*She sat **by the** phone all morning.*	Sie saß den ganzen Vormittag **am** Telefon.
***by the** riverside*	**am** Fluss
***by the** window*	**am (beim)** Fenster
*a village **near** Freiburg*	ein Dorf **bei** Freiburg

by in Ortsangaben entspricht meist dem deutschen **an**, nur sehr **selten** dem deutschen **bei.**

Um Fehler zu vermeiden, sollte man als Entsprechung für das deutsche **bei** (= in der Nähe von) das englische ***near*** verwenden.

*I'll be **with** you in a minute.*	Ich bin gleich **bei** dir.
*She still lives **with** her parents.*	Sie wohnt noch **bei** ihren Eltern.
*Let's meet **at my (your) place!***	Treffen wir uns **bei mir (dir)** (zu Hause)!
***at home, at** my parents'*	**bei uns, bei** meinen Eltern (zu Hause)
***at the** doctor's, hairdresser's etc.*	**beim** Arzt, Friseur usw.

with someone entspricht im Deutschen **bei jemandem**, wenn die Person betont wird,
at someone's (place), wenn der Ort betont wird.

41 *by, from someone*

*I was taught this trick **by** my father.*	Dieser Trick wurde mir **von** meinem Vater beigebracht.
*I learnt this trick **from** my father.*	Diesen Trick habe ich **von** meinem Vater gelernt.
*The Guggenheim Museum was designed **by** Frank Lloyd Wright.*	Das Guggenheim-Museum wurde **von** Frank Lloyd Wright entworfen.
*They received a message **from** the President.*	Sie erhielten eine Nachricht **vom** Präsidenten.

→ Fortsetzung zu *by, from* vgl. Seite 52

Test 40

Setze ***by, at, near*** oder ***with*** ein:

1. *I bought these steaks* ____________ *the butcher's.*

2. *Are you alone, or is there someone* ____________ *you?*

3. *You can leave the baby* ____________ *me while you go shopping.*

4. *We had a drink* ____________ *"Henry's" after the show.*

5. *The hotel is* ____________ *the sea. It's only a five minutes' walk to the beach.*

6. *Mother sat* ____________ *my bed all night when I was ill.*

7. *Jenny and Scott are staying* ____________ *us this week.*

"Harrison isn't with me – he went native!"

Test 14

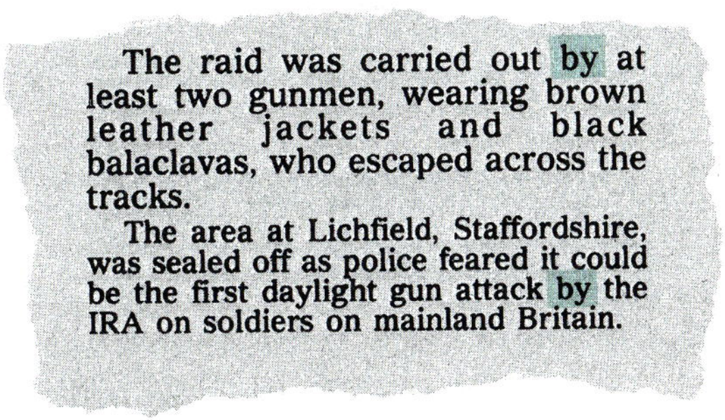

The raid was carried out by at least two gunmen, wearing brown leather jackets and black balaclavas, who escaped across the tracks.

The area at Lichfield, Staffordshire, was sealed off as police feared it could be the first daylight gun attack by the IRA on soldiers on mainland Britain.

→ Fortsetzung zu *by, from* vgl. Seite 53

Fortsetzung von *by, from*

a book (written) ***by*** *Orwell*	ein Buch **von** Orwell
a picture (painted) ***by*** *Picasso*	ein Gemälde **von** Picasso
a letter/gift ***from*** *Tom*	ein Brief/Geschenk **von** Tom

> ***by someone*** wird meistens in **Passivkonstruktionen** verwendet und bedeutet, dass etwas **von jemandem** oder **durch jemanden** getan oder gemacht wurde.
>
> ***from someone*** betont die **Richtung** oder **Quelle,** aus der etwas kommt.

42 *by, until (till)*

Will your car be repaired ***by*** *Wednesday? –*	Wird dein Wagen **bis** Mittwoch repariert sein?
No, I'll have to leave it at the garage ***until/till*** *Friday.*	– Nein, ich muss ihn **bis** Freitag in der Werkstatt lassen.
By the time *the fire brigade arrived the building was burnt down.*	**Bis/Als** die Feuerwehr kam, war das Gebäude niedergebrannt.
But the firemen worked ***until/till*** *midnight to keep the fire from spreading to the adjoining houses.*	Aber die Feuerwehrleute waren **bis** Mitternacht im Einsatz, um ein Übergreifen des Feuers auf die angrenzenden Häuser zu verhindern.

> Mit einer **Zeitangabe in der Zukunft** entspricht ***by*** dem deutschen **bis** (spätestens).
>
> Mit einer **Zeitangabe in der Vergangenheit** sagt ***by*** etwas über die Situation zu einem bestimmten **früheren Zeitpunkt** aus.
>
> ***until/till*** bezeichnet die **Dauer** einer Handlung oder eines Zustandes bis zu einem bestimmten Zeitpunkt.

→ Vgl. *until, to, as far as* 185

Fortsetzung von *by, from*

Setze **by** oder ***from*** ein:

1. *These pills were given to me* ____________ *my doctor.*

2. *The stolen money was found* ____________ *an old lady.*

3. *I had a phone call* ____________ *my daughter this morning.*

4. *He got the new LP* ____________ *Billy Joel as a birthday present* ____________ *his girlfriend.*

5. *Have you heard* ____________ *David recently?*

Test 42

Setze **by** oder ***until/till*** ein:

1. *Will you be able to make it* ____________ *five o'clock?*
   No, I've got to work ____________ *six.*

2. ____________ *the late 70's scientists were beginning to warn about the dangers of the Greenhouse Effect*[1]*, but most governments did not do anything about it* ____________ *the late 80's.*

3. *If you study* ____________ *three o'clock every night, you'll be a nervous wreck* ____________ *the time of the exam.*

4. *In Germany most young people go to school* ____________ *the age of 18. In Britain a lot of young people have finished school* ____________ *the age of 16.*

Whom were you sleeping with 10 years ago? Whom have you slept with since?
The WHO estimates that six to eight million people globally are infected with the virus, a figure that is expected to rise to 15-20 million by the year 2000. "It is very unlikely that the global prevalence of HIV infections will stabilise or level off for at least several decades," is the unemotional way that the WHO puts it. It means that by the time a couple more Olympic Games have taken place, a tidal wave of death may be sweeping the planet.

? 1) Treibhauseffekt

43 *caricature, cartoon*

a caricature

Edgar Allen Poe

a cartoon

"What did you take that I didn't?"

Walt Disney created the first Mickey Mouse ***cartoon*** *in 1928.*

Walt Disney schuf den ersten Mickymaus-**Zeichentrickfilm** 1928.

caricature [ˈkærɪkətʃʊə]	–	**Karikatur** (= satirisches Porträt z. B. eines Politikers); **Zerr-** oder **Spottbild** (auch im übertragenen Sinne)
cartoon [kɑːˈtuːn]	–	gezeichneter **Witz,** (politische) **Karikatur; Zeichentrickfilm**

44 *catcher, wrestler*

In baseball the ***catcher*** *is a player who has to catch the balls not hit by the batter.*

Beim Baseball ist der **Fänger** ein Spieler, der die vom Schlagmann nicht getroffenen Bälle fangen muss.

Professional ***wrestlers*** *usually don't really hurt each other.*

Berufs**catcher** tun sich meistens nicht wirklich weh.

catcher	–	**Fänger** (Baseballspieler, Luftakrobat)
(all-in) ***wrestler*** [ˈreslə]	–	**Catcher**

ϟ **Vorsicht:**

wrestler wird **ohne *w*** und **ohne *t*** gesprochen.

Test 43

Setze ***caricature*** oder ***cartoon(s)*** ein:

1. *The children love watching the old Tom and Jerry* ____________________________ *on TV.*

2. *At Montmartre in Paris there are artists who draw a portrait or* ____________________________ *of you within a few minutes.*

3. *Did you see the* ____________________________ *in which an elephant asks for a seat on a jumbo jet?*

4. *With his bowler hat and umbrella Mr Giles looked like a* ____________________________ *of an Englishman.*

Test 44

Setze ***catcher*** oder ***wrestler*** ein:

1. *He used to be a talented amateur boxer, but he now makes a lot of money*

   as a ______________________ .

2. *Burt Lancaster played a* ______________________ *in a circus in the film 'Trapeze'.*

45 *chemist, pharmacist*

*In 1862 the **chemist** Louis Pasteur found a way to kill bacteria.* — 1862 entdeckte der **Chemiker** Louis Pasteur eine Methode, Bakterien abzutöten.

*Only a **chemist/pharmacist** is qualified to sell medicine prescribed by a doctor.* — Nur ein(e) **Apotheker(in)** ist berechtigt, ärztlich verschriebene Medikamente zu verkaufen.

> Im britischen Englisch bedeutet ***chemist*** [ˈkemɪst] sowohl **Chemiker(in)** als auch **Apotheker(in).**
>
> Um Verwechslungen zu vermeiden, gibt es für **Apotheker(in)** auch die Bezeichnungen ***dispensing chemist*** oder ***pharmacist*** [ˈfɑːməsɪst], für **Chemiker(in)** die Bezeichnung ***research chemist.***
>
> Im **amerikanischen** Englisch bedeutet ***chemist*** nur **Chemiker(in),** ***pharmacist*** oder ***druggist*** [ˈdrʌgɪst] nur **Apotheker(in).**

46 *chips, French fries, crisps*

*fish and **chips*** — **in England:** frittierter Fisch mit **Pommes frites**

*a cheeseburger with **French fries*** — ein Hamburger mit Käse und **Pommes frites**

*a packet of (potato) **crisps/chips*** — eine Packung **Kartoffelchips**

> Im **britischen** Englisch sind ***chips*** eine Art **Pommes frites.**
>
> Daneben gibt es auch die (dünneren) ***French fries*** [fraɪz] oder ***French fried potatoes,*** wie man sie in Amerika ausschließlich nennt.
>
> **Kartoffelchips** heißen im **britischen** Englisch ***(potato) crisps*** [krɪsps], im **amerikanischen** Englisch ***(potato) chips.***

47 *Christ, Christian*

*the teachings of **Christ*** — die Lehren **Christi**

*like a true **Christian*** — wie ein wahrer **Christ**

> ***Christ*** [kraɪst] – Christus
>
> ***Christian*** [ˈkrɪstʃən] – Christ(in), christlich

Test 45

Übersetze ins Deutsche:

1. *My chemist recommended aspirin for*[1] *my headache.*

____

2. *The physicist and chemist Marie Curie discovered radium in 1898.*

____

____

? [1] gegen

Late Duty Chemists

THE following chemists' shops will be open during the hours stated and from noon to 1 p.m. on Sunday. Early closing day Thursday, unless otherwise stated. No late prescriptions on Saturday.

MARGATE — Tuesday (13 July), Wednesday, Thursday, Friday, Saturday and Sunday: V. J. [illegible], [illegible] High Street. Monday (19 July) and Tuesday: [illegible] D. Bradbury, [illegible] Northdown Road and N. [illegible], 50 Upper Dane Road, Margate. (No early closing day. Weekdays 5.30 to 6.30 p.m.)

Test 46

1. Gib in einer englischen Fischbratküche *(Fish and chip shop)* folgende Bestellung auf: „Ich möchte eine große[1] Portion Fisch mit Pommes frites."

____

2. Und nun folgende Bestellung in einer (amerikanischen) Schnellgaststätte *(fast food restaurant)*: „Einen Hamburger mit Käse, Pommes frites und eine Cola[2], bitte!"

____

? [1] *large;* [2] *coke*

Test 47

Setze ***Christ*** oder ***Christian*** ein:

Are you a ______________ *? – I don't believe in* ______________ *, but I try to behave in a* ______________ *way.*

48 *clerical*

That will involve a lot of ***clerical work.***	Das wird mit viel **Büroarbeit** verbunden sein.
a clerical *collar*	der weiße Kragen eines **Geistlichen**

> ***clerical*** [ˈklerɪkl] ist nicht nur von ***clergy*** (= Geistlichkeit, Klerus) abgeleitet, sondern auch von ***clerk*** [klɑːk] (= Büroangestellte[r]).
>
> Meist wird ***clerical*** in diesem Sinne verwendet und bezieht sich auf (routinemäßige) **Schreib- oder Büroarbeiten.**

→ Vgl. Nomen mit Verb im Plural 138

49 *closet, toilet*

You can hang your shirts in the ***closet.***	Du kannst deine Hemden in den **Wandschrank** hängen.
Can you tell me where the ***toilet/bathroom*** *is?*	Können Sie mir sagen, wo die **Toilette** ist?

> ***closet*** [ˈklɒzət] wird hauptsächlich im amerikanischen Englisch verwendet und hat heute nur die Bedeutung **Wandschrank.**
>
> Im britischen Englisch sagt man ***(built-in) cupboard.***
>
> **Toilette** heißt ***toilet,*** im amerikanischen Englisch meist ***bathroom*** oder – in öffentlichen Gebäuden – ***restroom(s).***

colour

50 *colour*: *colour, paint*

What ***colour*** *is her hair?*	Was für eine Haar**farbe** hat sie?
The ***paint*** *is flaking off the wall.*	Die **Farbe** blättert von der Wand ab.

> ***colour*** – **Farbe** (eines Gegenstandes etc.)
>
> ***paint*** – **Farbe** (= das Material)

ϟ **Vorsicht:**

watercolours – **Wasser-, Aquarellfarben;** ***oils, oil colours*** – **Ölfarben**

Künstlerfarben bilden eine Ausnahme!

Test 48

Wie könnte man diese Begriffe übersetzen?

1. *a clerical job:* ______________________________

2. *a clerical error:* ______________________________

3. *the clerical staff:* ______________________________

KENT COUNTY COUNCIL

CLERICAL ASSISTANT

to £4,464 at Margate Careers Centre. Must be a competent typist, some clerical experience preferred, duties include detailed recording filing and duplicating.

Test 49

Setze ***closet*** oder ***toilet(s)*** ein:

1. *Remember to buy some* ______________ *paper when you do the shopping.*

2. *She took her best dress out of the* ______________ .

3. *In America public* ______________ *are called restrooms.*

• At five to seven gallons a flush, the toilet uses more water than anything else in a household. Cutting flushing in half saves 16.5 gallons of water per day.

Test 50

Setze ***colour(s)*** oder ***paint*** ein:

1. *We need red* ______________ *and a brush.*

2. *This model comes in ten different* ______________ .

3. *Careful, wet* ______________ *!*

4. *What* ______________ *is the* ______________ *you bought?*

51 colour: What colour ... ?

What (ϟ **nicht:** *which) colour is* (ϟ **nicht:** *has) your new car?* — **Welche Farbe hat** dein neues Auto?

What colour *do you want me to paint the doors?* — **Wie (= in welcher Farbe)** soll ich die Türen streichen?

> Nach der Farbe eines Gegenstandes etc. wird mit ***what*** gefragt. ***To be*** entspricht dem deutschen **haben.**

→ Vgl. *how, what (... like)* 98

52 comfortable, luxurious

Make yourself ***comfortable!*** — Machen Sie es sich **bequem!**
a ***comfortable*** *armchair* — ein **bequemer** Sessel
a ***comfortable*** *little room* — ein **gemütliches** kleines Zimmer

a big ***luxurious*** *car/hotel* — ein großes **komfortables** Auto/Hotel

> ***comfortable*** [ˈkʌmftəbl] entspricht meist dem deutschen **bequem, gemütlich, angenehm.**
>
> Dem deutschen **komfortabel** (= mit allem Komfort, Luxus ausgestattet) entspricht meist ***luxurious*** [lʌgˈʒʊərjəs].

Test 51

Übersetze:

1. Welche Farbe hatte der Wagen, den Sie gesehen haben?

____

2. Meine Hemden haben alle die gleiche Farbe.

____

3. Was für eine Augenfarbe hat sie?

____

Test 52

Setze ***comfortable*** oder ***luxurious*** ein:

1. *This new pair of shoes of mine is very* ____________________ .
2. *The Rolls Royce Silver Shadow is one of the most* ____________________ *cars you can buy.*
3. *It's much more* ____________________ *to go by train than by bus.*
4. *Ultramodern furniture usually is not very* ____________________ .

53 *consequent, consistent*

The crop failure and the ***consequent*** *food shortage caused many deaths.*	Die Missernte und die daraus **resultierende** Lebensmittelknappheit ließen viele Menschen sterben.
He's not ***consistent;*** *first he spoils his children, then he blames them for their lack of independence.*	Er ist nicht **konsequent;** zuerst verwöhnt er seine Kinder, und dann wirft er ihnen ihre Unselbständigkeit vor.

consequent [ˈkɒnsɪkwənt]	–	(aus oder auf etwas) **folgend,** sich (aus etwas) **ergebend, resultierend**
consistent [kənˈsɪstənt]	–	**konsequent**

54 *control, check*

Much of the American market is ***controlled*** *by Japanese firms.*	Ein großer Teil des amerikanischen Marktes wird von japanischen Firmen **kontrolliert** (= beherrscht).
This car is hard ***to control*** *at high speeds.*	Dieser Wagen ist bei hohen Geschwindigkeiten schwer **unter Kontrolle zu halten.**
Control *yourself!*	**Beherrsche** dich!
to ***control*** *production/security/traffic*	die Herstellung / die Sicherheit / den Verkehr **überwachen**
Our luggage was ***checked*** *by airport security guards.*	Unser Gepäck wurde von Flughafensicherheitsbeamten **kontrolliert.**
to ***check*** *the oil/the tyres/one's blood pressure*	den Ölstand / den Reifendruck / jemandes Blutdruck **kontrollieren** (= prüfen)

to control	–	**kontrollieren** (= beherrschen, unter Kontrolle haben oder halten), **überwachen, steuern, regeln**
to check	–	**kontrollieren, (über)prüfen**

Test 53

Setze ***consequent*** oder ***consistent*** ein:

1. *The courage of the East German opposition and their ____________________ rejection of any kind of violence led to a peaceful revolution.*

2. *The opening of the East German borders and the ____________________ exodus [1] to West Germany caused a great deal of problems.*

? [1] Massenabwanderung

Test 54

Setze die richtigen Formen von ***control*** oder ***check*** ein:

1. *Let me ____________________ this letter for mistakes before we send it.*

2. *A teacher must be able to ____________________ his class.*

3. *When you're on a diet, you have to ____________________ your weight regularly.*

4. *Our passports were ____________________ twice before they let us board the plane.*

5. *Most of the country is ____________________ by guerrilla troops.*

6. *In a fully automated production line computers ____________________ the machines, and robots ____________________ the products.*

55 *costume, suit*

The waiters in the Greek restaurant were all dressed in national ***costume.*** — Die Kellner in dem griechischen Restaurant trugen alle die Landes**tracht.**

She was wearing a white cotton ***suit.*** — Sie trug ein weißes Baumwoll**kostüm.**

a clown's ***costume*** — ein Clowns**kostüm**
a swimming ***costume*** — ein Bade**anzug**

costume [ˈkɒstjuːm]	–	(historisches, Theater- etc.) **Kostüm, Tracht**
suit [suːt]	–	**Kostüm** (Jacke und passender Rock)

56 *country, land*

a developing ***country*** — ein Entwicklungs**land**
an industrialized ***country*** — ein Industrie**staat**
a house in the ***country*** — ein Haus **auf dem Lande**

on land *and at sea* — **an Land** und auf See
4 acres of ***land*** — 4 Morgen **Land**
a big ***landowner*** — ein Groß**grundbesitzer**

! **Beachte:**

Für (Heimat-, Vater- etc.) **Land, Staat** oder **Nation** wird ***land*** meist nur **poetisch** oder **emotional** gebraucht.

country	–	**Land** (auch im Gegensatz zur Stadt), **Staat, Nation**
land	–	**Land** (im Gegensatz zum Meer), **Boden, Grund**(besitz)

ϟ **Vorsicht:**

country wird mit /ʌ/ wie in ***hunt*** und nicht mit /aʊ/ wie in ***count*** gesprochen.

Test 55

Setze ***costume(s)*** oder ***suit*** ein:

1. *My secretary usually wears a dress or a* ____________________.
2. *Shakespeare is not always played in historical* ____________________.
3. *Doesn't Dad look silly in that Dracula* ____________________ ?

Test 56

Setze ***country, countries*** oder ***land*** ein:

1. *Canada is the world's second largest* ____________________ *in size.*
2. *It has a wealth of natural resources and rich farm* ____________________.
3. *Since 1945 more than five million immigrants have come to Canada from European and Asian*

   ____________________.
4. *The Canadian Indians have a right to reserved* ____________________ *for their exclusive use.*
5. *The size of the* ____________________ *is its biggest problem. Someone once said: "Europe has too much history and Canada has too much* ____________________."

57 *couple, pair*

*We go bowling once a week with five other **couples.***	Wir gehen einmal in der Woche mit fünf anderen **Paaren** kegeln.
*The children lined up **in pairs.***	Die Kinder stellten sich **in Paaren** (= paarweise) auf.
*Could you lend me **a couple of** pounds?*	Kannst du mir **ein paar/zwei** Pfund leihen?
*I'll be with you in **a couple of** minutes.*	Ich bin in **ein paar** Minuten bei dir.
***a pair of** shoes/earrings* ***a pair of** trousers/scissors* ***a pair of** swans*	**ein Paar** Schuhe/Ohrringe **eine** Hose/Schere **ein Paar** Schwäne (Männchen und Weibchen)
***pair** skating*	**Paar**lauf(en)

couple bezeichnet das **(Ehe-, Liebes-, Tanz-) Paar.**

Sonst wird für zwei **zusammengehörige** Dinge, Tiere oder Personen meist ***pair*** verwendet.

a couple of kann **zwei** (***a couple of apples***) oder **ein paar** (= **einige, mehrere**) bedeuten.

→ Vgl. *of* bei Mengen- und Teilangaben 139

58 *critic, criticism, review*

*He's the best-known theatre **critic** in England.*	Er ist der bekannteste Theater**kritiker** Englands.
*She can't take **criticism.***	Sie kann keine **Kritik** vertragen.
*Woody Allen's new film got favourable **reviews.***	Woody Allens neuer Film bekam positive **Kritiken** (= Besprechungen).

critic [ˈkrɪtɪk]	–	**Kritiker(in)**
criticism [ˈkrɪtɪsɪzm]	–	**Kritik** (= Urteil, Tadel, das Kritisieren)
review [rɪˈvjuː]	–	**Kritik, Besprechung, Rezension**

Test 57

Setze ***couple(s)*** oder ***pair(s)*** ein:

1. *We had a* __________________ *of drinks after the show.*

2. *I bought a new* __________________ *of jeans yesterday.*

3. *There were only four* __________________ *on the dance floor.*

4. *They're such a nice young* __________________.

5. *In biology lessons we often work in* __________________ .

6. *Susan must have hundreds of* __________________ *of shoes!*

7. *I've found a* __________________ *of socks, but I'm afraid they aren't a* __________________ .

Test 58

Setze ***critic(s), criticism*** oder ***review(s)*** ein:

1. *The government plans received a lot of* __________________ .

2. *George Orwell was a severe*[1] __________________ *of totalitarian systems.*

3. *A politician must be open to* __________________ .

4. *His new play was hailed*[2] *by the* __________________ .
The papers were full of enthusiastic __________________.

? [1] scharfer; [2] begeistert aufgenommen

59 *cutlet, chop*

*Two veal **cutlets** and four pork **chops**, please.*

Zwei Kalbs**schnitzel** und vier Schweine**kotelett**s, bitte!

a cutlet –	**ein Schnitzel**
a chop –	**ein Kotelett**

60 Datum

4(th) February(,) 1998
February 4(th)(,) 1998

4. Februar 1998

4/2/98 (britisches Englisch)

4.2. (19)98

the fourth of February/February (the) fourth, nineteen ninety-eight

der/den vierte(n) Februar neunzehnhundertachtundneunzig

! **Beachte:**

2/4/98 (amerikanisches Englisch) – **4.2.(19)98**

Wird der **Monat** durch eine **Zahl** ausgedrückt, steht er im **amerikanischen** Englisch **vor** dem Tag.

Im Englischen gibt es mehrere Möglichkeiten, das Datum zu schreiben und zu sprechen.

Im **amerikanischen** Englisch steht vor der **Jahreszahl** fast immer ein **Komma.**

→ Vgl. *birthday* 33; Zahlen 199

Test 59

Setze ***cutlet(s)*** oder ***chop(s)*** ein:

1. *We're having lamb* ____________________ *for dinner.*
2. 'Wiener Schnitzel' *is a breaded*[1] *veal* ____________________ .

COMPLETE DINNER

CHAR-BROILED – TWO THICK

Center Cut Pork Chops

– Spiced Crabapple –

$3.25

? 1) paniertes

Test 60

1. Übertrage ins Englische. Vergleiche vorher das Stichwort „Zahlen" 199, 200:

16. Dezember 1941 ____________________

25. 10. 63:

Britisches Englisch ____________________

Amerikanisches Englisch ____________________

2. Schreibe das Datum in Worten:

21 July, 1995 ____

14 March, 1999 ____

61 *decent, descreet* etc.

That skirt/joke isn't ***decent*** [ˈdiːsnt].	Dieser Rock / Witz ist nicht **anständig.**
It was really ***decent*** *of you to help me out.*	Es war wirklich **anständig** von dir, mir auszuhelfen.
I haven't had a ***decent*** *meal in weeks.*	Ich habe seit Wochen nichts **Anständiges** mehr gegessen.
a ***discreet*** [dɪˈskriːt] *perfume* ***discreet*** *behaviour*	ein **dezentes** Parfüm **dezentes** Benehmen
an ***unobtrusive*** [ʌnəbˈtruːsɪv] *design* ***subdued*** [səbˈdjuːd] *lighting/colours*	ein **dezentes** Design / Muster **dezente** Beleuchtung / Farben
soft *music/colours*	**dezente** Musik / Farben

decent entspricht dem deutschen **anständig** in den Bedeutungen:
- schicklich, ordentlich, (moralisch) korrekt oder akzeptabel;
- rücksichtsvoll, anerkennenswert, nett;
- befriedigend, von angemessener Qualität, „ordentlich".

Dem deutschen **dezent** (= zurückhaltend, unaufdringlich) entspricht meist ***discreet*** oder ***unobtrusive,*** im Sinne von **gedämpft** ***subdued*** oder ***soft.***

62 *delicatessen, delicacy*

I bought some real caviar at the ***delicatessen.***	Ich habe echten Kaviar im **Feinkostgeschäft** gekauft.
Real caviar is a ***delicacy.***	Echter Kaviar ist eine **Delikatesse.**

a delicatessen [ˌdelɪkəˈtesn], ***a deli*** [ˈdelɪ]	–	**ein Feinkostgeschäft, Delikatessenladen,** oft mit **Edelimbiss**
delicatessen (Singular oder Plural)	–	**Feinkost, Delikatessen**
a delicacy [ˈdelɪkəsɪ], ***delicacies*** (Plural)	–	**eine Delikatesse**

Test 61

Setze ***decent, discreet, soft*** oder ***unobtrusive*** ein:

1. *The new peace initiative should have the support of all* ____________________ *people.*

2. *All animals have a right to* ____________________ *treatment.*

3. *Can you get anything* ____________________ *to drink in this place?*

4. *It wasn't very* ____________________ *of you to say how old she is.*

5. *You can't go into the church in your Bermuda shorts. Please put on something*

   ____________________*!*

6. *The* ____________________ *décor and the* ____________________ *background music give this restaurant its special charm.*

Test 62

Setze ***delicatessen*** oder ***delicacy*** ein:

1. *Raw fish is considered a* ____________________ *in Japan.*

2. *We had a quick lunch at a nice little* ____________________ .

Parisians stampede for buffaloes

Unusual steaks are a new delicacy among continental gourmets

63 *discriminate*

*He can't **discriminate** between right and wrong.*	Er kann nicht zwischen Recht und Unrecht **unterscheiden.**
*This law **discriminates against** women.*	Dieses Gesetz **diskriminiert** die Frauen.

to discriminate [dɪˈskrɪmɪneɪt]	–	**unterscheiden**
to discriminate against	–	**diskriminieren, benachteiligen**

64 *do, make*

*What **are** you **doing?***	Was **machst** (= tust) du?
***I'm making** breakfast.*	Ich **mache** (= bereite) das Frühstück.
***to do** the washing-up/one's homework*	den Abwasch/seine Hausaufgaben **machen**
***to make** a fire/a noise*	ein Feuer/Krach **machen**

!

Beachte:
Bei der ungeheuren Fülle der **Verbindungen,** die ***do*** und ***make*** mit Substantiven eingehen, ist es unmöglich, mehr als eine Faustregel zu geben. Am besten lernt man die **Verbindungen** (z. B. ***to do the rooms,*** aber ***to make the beds***) auswendig.

make entspricht dem deutschen **machen** meist dann, wenn es soviel wie **herstellen, (zu)bereiten, hervorbringen** bedeutet.

do wird meist für **Tätigkeiten** verwendet und kann oft durch **erledigen** übersetzt werden.

65 *dome, cathedral*

*The **dome** of St. Peter's in Rome was designed by Michelangelo.*	Die **Kuppel** der Peterskirche in Rom wurde von Michelangelo entworfen.
*It took 632 years to complete the Cologne **Cathedral.***	Es dauerte 632 Jahre, bis der Kölner **Dom** vollendet war.

a dome [dəʊm]	–	**eine Kuppel**
a cathedral [kəˈθiːdrəl]	–	**ein Dom**

Test 63

Setze die richtigen Formen von ***discriminate*** oder ***discriminate against*** ein:

1. *Blacks are still* ____________________ *in many parts of society.*

2. *They must learn to* ____________________ *between fact and fiction.*

Test 64

Setze ***do*** oder ***make*** ein:

1. *I'll* __________ *the cooking, if you* __________ *the cleaning.*

2. *What do you* __________ *in the evenings?*

3. *Did you* __________ *that dress yourself?*

4. *Will you* __________ *me a cup of tea?*

5. *You should* __________ *a shopping-list before you* __________ *the shopping.*

6. *I'm going to* __________ *dinner for 12 people, and I've got loads* [1] *of work to* __________ .

? [1] „Berge"

Test 65

Setze ***dome*** oder ***cathedral*** ein:

1. *Mosques* [1] *usually have a* ________________ *-shaped roof.*

2. *A* ________________ *usually contains the bishop's throne.*

? [1] Moscheen

66 *drunk, drunken*

*He was so **drunk** he couldn't stand up straight. (* ϟ **nicht:** *drunken)*	Er war so **betrunken,** dass er nicht gerade stehen konnte.
*to **get drunk***	**sich betrinken, betrunken werden**
drunk driving	**Trunkenheit am Steuer**
*a long **drunken party*** *a **drunken** brawl*	ein ausgedehntes **Saufgelage** eine Schlägerei **unter Betrunkenen**
*a **drunk***	**Betrunkene(r), Säufer(in)**

> Da ***drunken*** nur als attributives Adjektiv, also nur vor **Substantiven,** gebraucht werden kann und meist in festgelegten Wendungen vorkommt, ist es sicherer, **betrunken** durch ***drunk*** auszudrücken.
>
> Das Substantiv ***drunk*** bezeichnet einen (auch ständig) **betrunkenen Menschen.**

67 *economic, economical*

*We're in a difficult **economic** situation.*	Wir sind in einer schwierigen **wirtschaftlichen** Lage.
*They are closing the factory because it is no longer **economic.***	Sie schließen die Fabrik, weil sie nicht mehr **rentabel** ist.
*Small cars are **more economical** than big ones.*	Kleine Autos sind **wirtschaftlicher** (= sparsamer) als große.

economic [ˌekəˈnɒmɪk]	–	**wirtschaftlich** (= die Wirtschaft betreffend), **Wirtschafts-; rentabel**
economical [ˌekəˈnɒmɪkl]	–	**wirtschaftlich, sparsam;** Geld, Zeit, Energie etc. sparend

Test 66

Übersetze:

1. Schon [1] ein Glas Wein genügt, um sie betrunken zu machen.

___

2. Betrunkene Fahrer sollten härter [2] bestraft werden.

___

3. Ich hasse Männer, die sich auf Partys betrinken. Wer will schon [3] mit einem Betrunkenen tanzen?

___

___

DRUNKEN DRIVERS

One out of 10 Saturday night drivers in the United States is likely to be drunk.

? [1] *just*; [2] *more severely*; [3] *After all, ...*(am Satzanfang)

Test 67

Setze ***economic*** oder ***economical*** ein:

1. *Burning oil is not a very* ___ *way of heating.*

2. *Inflation caused a nationwide* ___ *crisis.*

3. *There is no bus service on Sundays, because it's not*

___ .

4. *The government's* ___ *policy* [1] *should aim*

at an ___ *use of natural resources.*

? [1] Vgl. *policy, politics,* 152

Compiled by Our Staff From Dispatches

LONDON – British Airways PLC's profit for the second quarter rose 12 percent, to a record £295 million ($465.9 million), spurred by surging passenger traffic during the busy summer travel season.

The airline credited some of the results to a "buoyant" global economic climate that boosted travel of all kinds. Travel on the supersonic Concorde in first class and premium club classes was up 10 percent, while costs fell about £75 million, the company said.

68 *either*

*I can't come. – **I can't either.***	Ich kann nicht kommen. – **Ich auch nicht.**
*We can go there on Saturday or Sunday – **either** day will be all right.*	Wir können Samstag oder Sonntag hinfahren – es geht an **beiden** Tagen.
*There's a train and a bus service – you can use **either** (of them).*	Es gibt eine Zug- und eine Busverbindung – du kannst **beide** (= eine von beiden) benutzen.
*on **either** side*	auf **beiden** Seiten
***either** you **or** me*	**entweder** du **oder** ich

not ... either	–	**auch nicht**
***either** (of them)*	–	**eine(r)/eines von beiden, beide** (gleichermaßen)
either ... or	–	**entweder ... oder**

→ Vgl. *neither* 137

69 *eventual(ly), possible, perhaps (maybe)*

*Deforestation leads to the decimation and **eventual** death of tropical rain forests.*	Die Abholzung führt zum Rückgang und **schließlich** zum Tod der tropischen Regenwälder. (↯ **nicht:** eventuell)
*After much debate they **eventually** agreed on the price.*	Nach langem Hin und Her einigten sie sich **schließlich** über den Preis.
*Don't worry, he'll show up **eventually.***	Keine Sorge, er wird **irgendwann** (bestimmt) auftauchen. (↯ **nicht:** eventuell)
*the **eventual outcome***	das **Endergebnis**

eventual(ly) [ɪˈventʃʊəl(ɪ)] entspricht dem deutschen **schließlich, letzten Endes, letztendlich** usw.
Es drückt **Bestimmtheit** oder **Gewissheit** des Ausgangs aus, steht also **im Gegensatz** zum deutschen **eventuell.**

→ Fortsetzung zu *possible, perhaps (maybe)* vgl. Seite 78

Test 68

Übersetze:

1. Er kann nicht schreiben und kann auch nicht richtig[1] lesen.

____

2. Sie können auf beiden Seiten der Straße parken.

____

3. Es ist ein Film, den man entweder liebt oder hasst.

____

4. Möchtest du Eiskrem oder Kuchen? – Ich mache mir aus beidem nichts[2].

____

____

? [1] *properly;* [2] *not care for*

Test 69

→ Fortsetzung / Test zu *eventual(ly), possible, perhaps (maybe)* vgl. Seite 79

Fortsetzung von *eventual(ly), possible, perhaps (maybe)*

*"Are you coming with us tomorrow?" – "**Possibly/Maybe/Perhaps**, I'm not sure yet."*	„Kommst du morgen mit?" – **„Eventuell,** ich weiß es noch nicht."
*We **may** go for a drink after doing the shopping.*	**Eventuell** gehen wir nach dem Einkaufen noch etwas trinken.
***possible** consequences/risks*	**eventuelle** Folgen/Risiken

> Das deutsche **eventuell** wird als **Adverb** durch ***possibly, perhaps*** oder ***maybe*** ausgedrückt oder durch ***may*** oder ***might*** umschrieben.
>
> Als **Adjektiv** entspricht **eventuell** meist dem englischen ***possible.***

70 *excuse me, sorry*

***Excuse me,** is this the way to Hyde Park?*	**Entschuldigen Sie,** geht es hier zum Hydepark?
(I'm) sorry.	**Entschuldigung!**
***I'm sorry** I was rude to you.*	**Entschuldige bitte,** dass ich grob zu dir war.
Sorry?	**(Wie) bitte?**
*You ought to **apologize** for your behaviour.*	Du solltest dich für dein Benehmen **entschuldigen.**

> ***excuse me*** sagt man, **bevor** man etwas tut, das andere belästigen, stören oder unterbrechen könnte.
>
> ***(I'm) sorry*** sagt man als Entschuldigung für etwas, das man **getan hat.**
>
> ***Sorry?*** wird auch höflich im Sinne von **(Wie) bitte?** verwendet.
>
> **sich entschuldigen** (= um Verzeihung bitten) wird durch ***apologize*** [əˈpɒlədʒaɪz] ausgedrückt.

Vorsicht:

In **Amerika** sagt man statt ***(I'm) sorry*** auch ***excuse me,*** jedoch nur **unmittelbar nach** einer Handlung.

→ Vgl. *please* 150

Fortsetzung/Test zu *eventual(ly), possible, perhaps (maybe)*

Setze ***eventual(ly), perhaps/maybe*** oder ***possible*** ein:

1. *Passengers should be prepared for* ______________________ *delays due*[1] *to fog.*
2. *After many attempts she* ______________________ *managed to find a job as a TV announcer.*
3. *Our* ______________________ *aim is the reduction of acid rain to tolerable levels.*
4. ______________________ *I'll call you if I need your advice.*
5. ______________________ *we're lost right now, but we'll get there* ______________________.

? [1] Verspätungen infolge

Test 70

Übersetze:

1. Oh, Entschuldigung, ich habe Sie nicht gesehen.

____

2. Entschuldigen Sie, dass ich zu spät komme.

____

3. Entschuldigung, darf ich mal telefonieren[1]?

____

? [1] *use your phone;* [2] *= dollars*

71 *explain*

Try to ***explain the meaning*** *of this word in English.*

Versucht, **die Bedeutung** dieses Wortes auf Englisch **zu erklären.**

Could you ***explain to me*** *what this word means? (* ϟ **nicht:** *explain me)*

Könnten Sie **mir erklären,** was dieses Wort bedeutet?

Vor Personen folgt auf ***explain*** immer die Präposition *to.*

→ Vgl. *mean, think* 127; *meaning, opinion* 128

72 *extravagant, stylish, sophisticated*

We will have to pay a high price for our ***extravagant*** *use of energy.*

Unser **verschwenderischer** Energieverbrauch wird uns teuer zu stehen kommen.

extravagant *prices*

übertriebene Preise

stylish *clothes/furniture*
sophisticated *taste/lifestyle*

extravagante Kleidung/Einrichtung
extravaganter Geschmack/Lebensstil

extravagant [ɪkˈstrævəgənt] – **verschwenderisch, übertrieben, überzogen**

stylish [ˈstaɪlɪʃ];
sophisticated [səˈfɪstɪkeɪtɪd] – **extravagant**

Test 71

Übersetze:

1. Du musst deinem Lehrer erklären, warum du deine Hausaufgaben[1] nicht machen konntest.

____

____

2. Er versuchte vergeblich[2], uns die Cricket-Regeln[3] zu erklären.

____

____

? 1) Vgl. *homework, housework* 97; 2) *in vain*; 3) *the rules of cricket*

Test 72

Setze ***extravagant, stylish*** oder ***sophisticated*** ein:

1. *The developed countries'* ______________ *consumption of tropical wood will lead to the death of rain forests.*

2. *'Vogue' is a magazine designed for* ______________ *women.*

3. *He's a very* ______________ *dresser and spends* ______________ *sums on clothes.*

73 *familiar*

*I don't know her, but there's something **familiar** about her face.*	Ich kenne sie nicht, aber ihr Gesicht kommt mir irgendwie **vertraut / bekannt** vor.
*a **familiar** sight*	ein **vertrautes** Bild
*a **familiar** way with someone*	ein **vertraulicher** Umgang mit jemandem
*to **be familiar with** something*	**mit** etwas **vertraut sein** / etwas **gut kennen**

> ***familiar*** [fəˈmɪljə] bedeutet **vertraut, (wohl)bekannt**, auch **vertraulich** (manchmal im negativen Sinne).

Vorsicht:

*He seems to have **family** problems.*	Er scheint **familiäre** Sorgen zu haben.

Das deutsche **familiär** (= die Familie betreffend) wird meist durch ***family*** ausgedrückt.

74 *fatal, unfortunate, embarrassing*

*a **fatal** accident* ***fatal** injuries*	ein **tödlicher** Unfall **tödliche** Verletzungen
*a **fatal** mistake*	ein **verhängnisvoller** Fehler
*an **unfortunate** business* *an **embarrassing** situation*	eine **fatale** Sache eine **fatale** Lage

> ***fatal*** [ˈfeɪtl] bedeutet meist **tödlich,** manchmal auch **verhängnisvoll, unheilbringend.**
>
> Dem deutschen **fatal** entspricht meist ***unfortunate*** [ʌnˈfɔːtʃnɪt] (= unangenehm) oder ***embarrassing*** [ɪmˈbærəsɪŋ] (= peinlich).

Test 73

Setze ***familiar*** oder ***family*** ein:

1. *Unemployment causes both financial and* ________________ *difficulties.*

2. *Are you* ________________ *with American Christmas customs?*

3. *I don't like the* ________________ *tone he uses with his teachers.*

4. *Everything looked so* ________________ *and reminded me of the* ________________ *gatherings*[1] *of my childhood.*

5. *We never discuss* ________________ *affairs outside the* ________________ *circle.*

? [1] Treffen

Test 74

Setze ***fatal, embarrassing*** oder ***unfortunate*** ein:

1. *AIDS is a* ________________ *disease.*

2. *Her questions put me in a most* ________________ *position.*

3. *The Alaska oil spill had* ________________ *consequences for thousands of seabirds.*

4. *High unemployment is the result of a most* ________________ *development.*

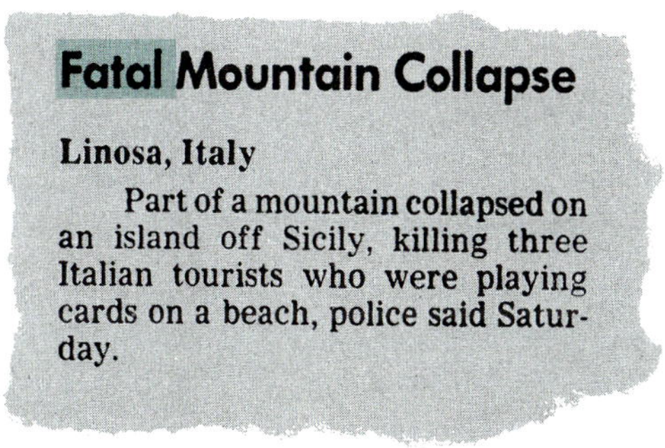

Fatal Mountain Collapse

Linosa, Italy

Part of a mountain collapsed on an island off Sicily, killing three Italian tourists who were playing cards on a beach, police said Saturday.

75 *find (that), think, like*

*We **found** that driving in America is much more comfortable than in Europe.*	Wir **stellten fest,** dass Autofahren in Amerika viel angenehmer als in Europa ist. (ϟ **nicht:** Wir fanden)
*I **find** it difficult to talk to strangers.*	Mir **fällt es schwer,** mich mit Fremden zu unterhalten. (ϟ **nicht:** Ich finde)
*I **think** she's right.*	Ich **finde,** sie hat Recht.
***How do** you **like** this dress?*	Wie **findest** du dieses Kleid?

Obwohl ***to find*** manchmal in ähnlichen Kontexten verwendet wird wie das deutsche **finden** (= beurteilen, einschätzen) – z.B. *How do you find your new job?* –, entsprechen die beiden sich nur selten.

Finden in der Bedeutung **meinen** wird meist durch ***think*** oder ***believe*** ausgedrückt, im Sinne von **gefallen** durch ***like.***

→ Vgl. *mean, think* 127

76 *finished, ready*

***I haven't finished** my homework yet.*	Ich **bin** mit den Hausaufgaben noch **nicht fertig.**
*Have you/Are you **finished?***	Seid ihr **fertig?**
*Are you **ready** (to go)?*	Seid ihr **fertig?**
*Dinner is **ready.***	Das Essen ist **fertig.**
*to **finish** something*	etwas **fertig machen** (= zu Ende bringen, fertig stellen)
*to **get ready***	**sich fertig machen**

finished	–	**fertig** (mit einer Tätigkeit), auch im übertragenen Sinne mit jemandem; **„erledigt“**
ready	–	**fertig, bereit**

Test 75

1. Übersetze ins Deutsche:

a) *I found it hard to believe him.*

____

b) *Contrary to what they had said, I found him (to be) a very helpful man.*

____

c) *I don't find it easy to give people advice.*

____

2. Übersetze ins Englische:

a) Wie findet ihr meine neue Frisur?

____

b) Ich finde, die Kinder sehen zu viel fern.

____

c) Das finde ich nicht richtig.

____

Test 76

Setze ***finished*** oder ***ready*** ein:

1. *Is breakfast* ________________ *? I'm hungry.*

2. *My essay is only half-*________________ .

3. *If they don't give us any money, we're*________________*!*

4. *I'm not* ________________ *with him yet.*

5. *When I've* ________________ *the ironing, I'll be* ________________ *to leave.*

77 *first, at first*

*What shall we do **first?***	Was wollen wir **zuerst** tun?
*The Mayor spoke **first.***	Der Bürgermeister sprach **als Erster.**
*My wife and children always come **first.***	Meine Frau und Kinder kommen immer **zuerst** (= an erster Stelle).
***First (of all)** I'd like to say ...*	**Zunächst einmal** möchte ich sagen ...
***At first** I didn't like biology, but now it's my favourite subject.*	**Zuerst** mochte ich Biologie nicht, aber jetzt ist es mein Lieblingsfach.

first – **zuerst, als Erstes / Erste(r), an erster Stelle, zunächst**

at first – **zuerst** (= anfangs, jetzt nicht mehr)

78 *the first, the last, the next few*

*She was terribly homesick for **the first few weeks.***	**In den ersten Wochen** hatte sie schreckliches Heimweh.
*You'll get the cheque in **the next few days.***	Sie erhalten den Scheck **in den nächsten Tagen.**

Bei Zeitbestimmungen des Musters **in den ersten/letzten/nächsten Jahren** etc. folgt auf ***first, last*** und ***next*** stets ***few.***

Test 77

Setze ***first*** oder ***at first*** ein:

1. *Let's have something to eat* ______________ .

2. ______________ *we took a bus, then we went on by train.*

3. *At parties I'm always a little shy* ______________ .

4. *I was here* ______________ *!*

5. ______________ *I thought that we should go to New York* ______________ , *but then I decided on California.*

Test 78

Übersetze:

1. Ich werde in[1] den nächsten Wochen im Ausland[2] sein.

____

2. In den letzten Jahren ist die Luftverschmutzung enorm gestiegen.

____

3. Wir werden das Ergebnis in den nächsten Stunden erfahren[3].

____

? [1] *for;* [2] *abroad;* [3] *find out*

79 *for, ago*

*My brother lived in Canada **for ten years.***	Mein Bruder lebte **zehn Jahre (lang)** in Kanada.
*He returned to Germany **a year ago.***	Er ist **vor einem Jahr** nach Deutschland zurückgekehrt.

***for** a week (five minutes etc.)*	–	eine Woche (fünf Minuten etc.) **lang**
*a week (five minutes etc.) **ago***	–	**vor** einer Woche (fünf Minuten etc.)

→ Vgl. *for, since* 80

80 *for, since*

*She's been waiting **for two hours/since 8 o'clock.***	Sie wartet (Präsens!) schon **seit zwei Stunden/seit acht Uhr.**
*They've been married **for three years/since 1994.***	Sie sind (Präsens!) **seit drei Jahren/seit 1994** verheiratet.

for entspricht dem deutschen **seit,** wenn es sich auf einen **Zeitraum** bezieht, ***since,*** wenn es sich auf einen **Zeitpunkt** in der **Vergangenheit** bezieht.

In Verbindung mit dem ***Present Perfect (Continuous)*** werden Handlungen und Zustände ausgedrückt, die in der **Vergangenheit begonnen** haben und jetzt noch **andauern.**
Im Deutschen steht hierbei fast immer das **Präsens.**

→ Vgl. *for, ago* 79; *as, since* 23

Test 79

Übersetze:

1. Vor 100 Jahren erfand Edison den Filmprojektor.

___

2. 28 Jahre lang mussten die Berliner mit der Mauer leben.

___

3. Sie hat mich vor ein paar Tagen angerufen und mir von ihrem neuesten Schwarm[1)] erzählt.

___

___

? [1)] *latest crush*

Test 80

1. Setze ***for*** oder ***since*** ein:

a) *He's been working for the same company* ___ *1970.*

b) *She's been my girlfriend* ___ *last Christmas, but I've known her* ___ *more than 20 years.*

c) *Has there been more nuclear safety* ___ *the Chernobyl disaster?*

2. Übersetze:

a) Ich lerne seit 6 Jahren Englisch.

___

b) Mein Großvater ist seit über 10 Jahren tot.

___

c) Seit dem 9. November 1989 gibt es keine Berliner[1)] Mauer mehr.

___

? [1)] Berlin

81 Fragebildung ohne *to do* bei Vollverben

Who left *the lights* ***on?***	**Wer hat** das Licht **angelassen?**
Did you leave the lights on?	Hast du das Licht angelassen?
What books (Subjekt) ***interest*** *you most?*	**Was für Bücher interessieren** dich am meisten?
What films (Objekt) *do you like?*	Was für Filme siehst du gern?

Auch bei **Vollverben** werden Fragen **ohne Umschreibung mit *to do*** gebildet, wenn nach dem **Subjekt** des Satzes oder einem Teil davon gefragt wird.

→ Vgl. *have* (Umschreibung mit *to do*) 93

82 *friendly*

Let's give them a ***friendly*** *welcome.*	Wir wollen ihnen einen **freundlichen** Empfang bereiten.
She smiled at me ***in a friendly way.***	Sie lächelte mich **freundlich** an.

friendly existiert nur als **Adjektiv.**
Das **Adverb** wird durch ***in a friendly way*** ausgedrückt.

83 *garage*

She backed the car out of the ***garage.***	Sie fuhr den Wagen rückwärts aus der **Garage.**
He works in a ***garage.***	Er arbeitet in einer **Autowerkstatt.**

garage [ˈgærɑːʒ] bedeutet neben **Garage** auch **Autowerkstatt,** in England meist mit **Tankstelle.**

Test 81

Bilde Fragen nach den unterstrichenen Satzteilen:

His brother lives in Australia. → ***Who lives** in Australia?*
His sister lives in France. → ***Where does** his sister **live**?*

1. *Andrew Lloyd Webber wrote the most successful musicals of our time.*

___

2. *He works in a department store.*

___

3. *'Westside Story' won 10 Oscars in 1961.*

___

4. *The Beatles' records sold 545 million copies between 1963 and 1972.*

___

Test 82

Übersetze:

1. Du solltest immer freundlich mit[1] ihm sprechen.

___

2. Sie sind nicht gerade[2] freundlich zu Ausländern hier.

___

? [1] *to;* [2] *exactly*

Test 83

Übersetze ins Deutsche:

1. *He's a garage mechanic.* ___

2. *They had to push the car to the nearest garage.*

___

3. *The car's at the garage.* ___

84 *go, drive, ride*

*I'm **going** to London tomorrow.*	Ich **fahre** morgen nach London.
*Where **are** you **going** for your holidays?*	Wohin **fahrt** ihr im Urlaub?
***Are** you **going** by boat or by air?*	**Fahrt** ihr mit dem Schiff oder **fliegt** ihr?
***Does** this train **go** to Manchester?*	**Fährt** dieser Zug nach Manchester?
***to go by** car, bus, bike etc.*	**mit dem** Auto, Bus, Rad etc. **fahren**

> ***to go*** heißt ganz allgemein irgendwohin **fahren,** gleich mit welchem Verkehrsmittel.

*Can you **drive?***	Kannst du **Auto fahren?**
*Shall we walk or **drive?***	Wollen wir zu Fuß gehen oder **mit dem Auto fahren?**
*Don't drink and **drive.***	Kein Alkohol **am Steuer!**

> ***to drive*** heißt meist **Auto fahren,** vor allem selbst am Steuer sitzen.

*They jumped on their bicycles and **rode** away.*	Sie sprangen auf ihre Fahrräder und **fuhren** davon.
*He **rode** his motorbike all the way from New York to Los Angeles.*	Er **fuhr** die ganze Strecke von New York nach Los Angeles mit dem Motorrad.
*She always gets sick when she **rides** in a bus.*	Ihr wird jedes Mal schlecht, wenn sie mit dem Bus **fährt.**

> ***to ride*** heißt entweder **ein Zweirad fahren** oder in einem (öffentlichen) Verkehrsmittel **gefahren werden.**

→ Vgl. *go, walk* 85

Setze ***go, drive*** oder ***ride*** ein:

1. *He often has to* ________________ *to Paris on business.*

2. *Where does this bus* ________________ *to?*

3. *Don't* ________________ *so fast. The road is wet.*

4. *I always* ________________ *to work by bus.*

5. *I learnt to* ________________ *when I was 17.*

6. *In San Francisco all the tourists want to* ________________ *on a cablecar.*

7. *My dog likes to* ________________ *with me on my motorbike.*

8. *At 16 you're allowed to* ________________ *a motorbike, but you can't* ________________ *a car.*

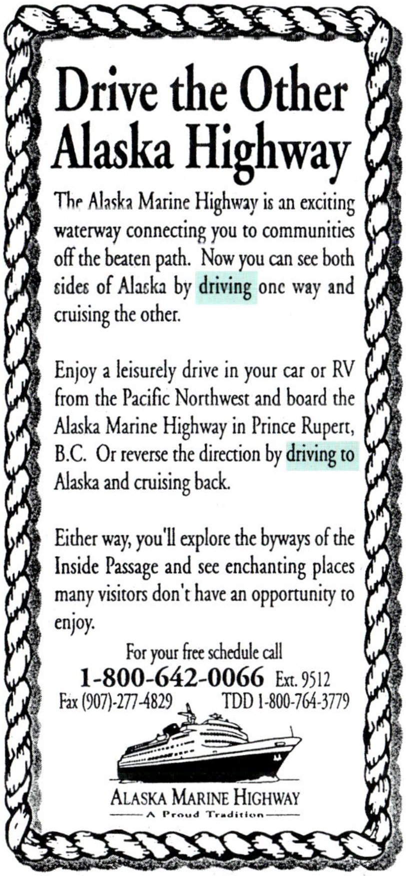

85 *go, walk*

*He's **gone** shopping.*	Er ist einkaufen **gegangen.**
*We must **go** now.*	Wir müssen jetzt **gehen.**
*I'**m going** abroad for a year.*	Ich **gehe** für ein Jahr ins Ausland.
*She could hardly **walk.*** (ϟ **nicht:** *go*)	Sie konnte kaum **gehen.**
*Shall we take the car or **walk?***	Wollen wir mit dem Auto fahren oder **zu Fuß gehen?**

to go heißt ganz allgemein irgendwohin **gehen** oder **fahren.**

Soll ausgesagt werden, dass jemand sich „aufrecht auf den Füßen schrittweise fortbewegt“[1], muss ***walk*** verwendet werden.

Um zu betonen, dass jemand **zu Fuß geht,** also kein Fahrzeug benutzt, wird auch ***to go on foot*** (amerikanisch meist ***by foot***) verwendet.

→ Vgl. *go, drive, ride* 84; *to, into* 184

? 1) Definition nach „Duden Deutsches Universalwörterbuch“

86 *go to bed, go to sleep*

*I'**m going to bed** early tonight.*	Ich **gehe** heute früh **schlafen/ins Bett.**
*I usually **go to sleep** around midnight.*	Meistens **schlafe** ich gegen Mitternacht **ein.** (ϟ **nicht:** gehe schlafen)

go to bed – **schlafen gehen/ins Bett gehen**

go to sleep – **einschlafen**

ϟ **Vorsicht:**

*I could**n't** **get to sleep** last night.*	Ich konnte gestern Nacht **nicht einschlafen.**

In der Verneinung, besonders wenn Anstrengung damit verbunden ist, wird **einschlafen** durch ***to get to sleep*** ausgedrückt.

Test 85

Setze die richtigen Formen von ***go*** oder ***walk*** ein:

1. *Shall we* ____________ *or take a taxi?*

2. *My daughter learnt to* ____________ *when she was 13 months old.*

3. *She'll be back in a moment. She's* ____________ *to the bank.*

4. *Stay here, don't* ____________ *away!*

5. *Adam's broken his leg and can't* ____________ .

6. *I sometimes* ____________ *to work when the weather is fine, but I usually* ____________ *by bus.*

Test 86

Übersetze:

1. Es ist Zeit, schlafen zu gehen, Kinder!

____ !

2. Jetzt mach dir keine Sorgen und schlaf ein!

____ !

Go to bed late,
Stay very small;
Go to bed early,
Grow very tall.

87 good, well

*He's a **good** driver.* — Er ist ein **guter** Fahrer.

*He drives **well.*** — Er fährt **gut** (Auto).

*She's **not well.*** — Es **geht** ihr (gesundheitlich) **nicht gut.**

> Das **Adverb** zu ***good*** heißt ***well.***
> Daneben gibt es das **Adjektiv *well*** (= gesund, wohlauf).

88 gymnasium

*Our **gymnasium** is getting new shower and locker rooms.* — Unsere **Turnhalle** bekommt neue Dusch- und Umkleideräume. (ϟ **nicht:** Gymnasium)

> ***gym(nasium)*** [dʒɪm(ˈneɪzɪəm)] bedeutet **Turn- oder Sporthalle**, auch **Fitnesscenter** oder **-raum.**
>
> Dem deutschen **Gymnasium** entspricht am ehesten die ***grammar school*** in England.

→ Vgl. *high school* 96

89 gymnastics

*In 1976 14-year-old Nadia Comaneci won five gold and three silver medals in **gymnastics.*** — 1976 gewann die 14-jährige Nadia Comaneci fünf Gold- und drei Silbermedaillen im **Turnen.**

*I do my morning **exercises** from 7 to 7.30 every day.* — Ich mache jeden Tag von 7 bis 7 Uhr 30 **Gymnastik.**

> ***gymnastics*** [dʒɪmˈnæstɪks] – **Turnen, Gymnastik** (als Wettkampfdisziplin)
>
> ***exercises, cal(l)isthenics*** [ˌkælɪsˈθenɪks] – **Gymnastik, Freiübungen**

Test 87

Setze ***good*** oder ***well*** ein:

1. *He's done this job very* ____________ *, but then he's always been a* ____________ *worker.*

2. *She usually dresses very* ____________ *, but she doesn't look* ____________ *in those tight*[1] *jeans.*

3. *I haven't been* ____________ *all morning.*

? [1] eng

Test 88

Setze ***gymnasium*** oder ***grammar school*** ein:

1. *Shakespeare is believed to have attended the* ______________________ *in Stratford.*

2. *Let's work out*[1] *in the* ______________________ *after school.*

Largest gymnasium
The world's largest gymnasium is Yale University's Payne Whitney Gymnasium at New Haven, Connecticut, U.S.A., completed in 1932 and valued at $18,000,000 *£10,285,000*. The building, known as the "Cathedral of Muscle" has nine storeys with wings of five storeys each.

? [1] trainieren

Test 89

Setze ***gymnastics*** oder ***exercises*** ein:

1. *We always start football practice with some warm-up* ______________________.

2. *The nations of the East traditionally lead the world in* ______________________.

90 *hair*

***My hair**'s getting too long; I'll have to get **it** cut.*	**Meine Haare** werden zu lang; ich muss **sie** schneiden lassen.
*The dog left black **hairs** all over the carpet.*	Der Hund hat auf dem ganzen Teppich schwarze **Haare** hinterlassen.
*a young woman with **red hair***	eine junge Frau mit **rotem Haar/roten Haaren**
***a hair** in one's soup*	**ein Haar** in der Suppe

hair (nur **Singular)**	–	**das** (Kopf-)**Haar, die Haare**
a hair, hairs	–	**ein** (einzelnes) **Haar,** (einzelne) **Haare**

91 *happy, lucky*

*Her parents are **happy** that she isn't hurt.*	Ihre Eltern sind **glücklich,** dass sie unverletzt ist.
*She was **lucky** to survive the accident.*	Sie **hat Glück gehabt,** dass sie den Unfall überlebte. (ϟ **nicht:** war glücklich)
*a **happy** marriage*	eine **glückliche** Ehe
*a **lucky number***	eine **Glückszahl**

to be happy	–	**glücklich sein** (= zufrieden, erfreut)
to be lucky	–	**Glück haben**

lucky drückt kein Gefühl aus, sondern die Tatsache, dass jemand **Glück hat** oder dass etwas **Glück bringt** oder vom Glück (Gegenteil: Pech) begleitet ist.

92 *hard, hardly*

*I worked **hard** for the exams.*	Ich habe **hart** für die Prüfung gearbeitet.
*I **hardly** worked for the exams.*	Ich habe **kaum** für die Prüfung gearbeitet.

hard (Adjektiv und Adverb)	–	**hart, schwer, fleißig** etc.
hardly (Adverb)	–	**kaum**

Test 90

Übersetze:

1. Julio hat schwarze Haare und braune Augen.

____

2. Sie hat zwei blonde Haare auf der Jacke ihres Mannes entdeckt.

____

3. Warum hast du dir deine schönen langen Haare abgeschnitten?

____

Test 91

Setze ***happy*** oder ***lucky*** ein:

1. *Your letter made us all very* ________________ .
2. *You're* ________________ *to be alive after the crash.*
3. *We wish you a long and* ________________ *life.*
4. *She looked very* ________________ *on her wedding day.*
5. *Friday seems to be my* ________________ *day.*
6. *The* ________________ *winner of £ 10,000 has every reason to be* ________________ .

Test 92

Setze ***hard*** oder ***hardly*** ein:

1. *He was hit* ________________ *on the head, but* ________________ *felt any pain.*
2. *David has learnt* ________________ *anything this term* [1]*. He'll have to study*

   ________________ *if he wants to pass the exams.*

? [1] Schulhalbjahr

93 *have;* Umschreibung mit *to do*

Have you got/Do you have *a car?* (↯ **nicht:** *do you have got)*	**Hast du** ein Auto?
Do you have *tea for breakfast?* (↯ **nicht:** *have you got)*	**Trinkst du** Tee zum Frühstück?
Did you have *a good time?*	Habt ihr euch gut amüsiert?
We ***didn't have a*** *car, so we walked there.*	Wir **hatten kein** Auto, deshalb gingen wir zu Fuß dorthin.
Did you have to *get up early?*	**Musstet ihr** früh aufstehen?

have got kann nur im Sinne von **haben, besitzen** und in ***have to*** (**= müssen**) an die Stelle von ***have*** treten und wird fast ausschließlich im **Präsens** verwendet.

Als **Vollverb (= essen, trinken** etc.) wird ***have*** **nie** mit ***got*** gebraucht und muss in **Frage** und **Verneinung** immer mit ***to do*** umschrieben werden.

Um Fehler zu vermeiden, empfiehlt es sich daher, ***have*** stets wie ein **Vollverb** zu behandeln und in allen seinen Bedeutungen mit ***to do*** zu **umschreiben.**

"What do I think? – I'm king ...
I don't have to think."

Test 93

1. Bringe die folgenden Sätze in die **Frageform:**

***They have** a holiday twice a year.*
→ ***Do they have** a holiday twice a year?*

a) *He has a shower every morning.*

____

b) *They have to work on Sundays.*

____

c) *She had an appointment for 3 o'clock.*

____

d) *He had long hair when he was young.*

____

e) *You had to wait for a long time.*

____

2. **Verneine** die folgenden Sätze:

***I have** a large breakfast every morning.*
→ ***I don't have** a large breakfast every morning.*

a) *He has coffee for breakfast.*

____

b) *She always has lunch in the cafeteria.*

____

c) *I have to go there every day.*

____

d) *They had a very nice holiday.*

____

e) *We had a ride on a cablecar in San Francisco.*

____

94 *have something done*

*You've **got to have** your hair **cut.***	Du **musst dir** die Haare **schneiden lassen.**
*We're **having** our living room **wallpapered.***	Wir **lassen** gerade unser Wohnzimmer **tapezieren.**
*I **had** this suit **made** by a tailor in Hong Kong.*	Ich **habe** mir diesen Anzug von einem Schneider in Hongkong **machen lassen.**

! **Beachte:**

*I **had** my car **washed.***	Ich **ließ** meinen Wagen **waschen.**
*I **had washed** my car.*	Ich **hatte** meinen Wagen (selbst!) **gewaschen.**

Die Wortfolge ist entscheidend!

> ***have*** + Objekt + Partizip Perfekt – **etwas tun lassen**

95 *hear, listen (to)*

***Listen!** I think I can **hear** something.*	**Hör/Horch** mal! Ich glaube, ich **höre** etwas.
*to **listen** to music/the radio*	Musik/Radio **hören.**
*to **listen to** someone/someone's advice*	**auf** jemanden/jemandes Rat **hören**

! **Beachte:**

I ***listen to*** the news every morning. – Die **Handlung** wird betont.

Have you ***heard*** the news? – Das **Ergebnis** wird betont.

to hear	–	**hören** (= wahrnehmen, verstehen, erfahren)
to listen (to)	–	**(zu)hören, hinhören, horchen, lauschen, (sich) anhören, auf** etwas oder jemanden hören

→ Vgl. *look (at), see, watch* 120

Test 94

Übersetze:

"I had my hair done by Henry Moore."

1. Sie ließ ihr Hochzeitskleid von Dior machen.

   ____

2. Ich muss meine Augen testen lassen.

   ____

3. Ich kann dich nicht abholen[1], weil ich gerade meinen Wagen reparieren lasse. ____________________________

   ____

4. Wie oft lasst ihr euer Haus streichen?

   ____

? [1] *pick up*

Test 95

Setze die richtigen Formen von ***hear*** oder ***listen (to)*** ein:

"It's all show – I've heard they haven't got a bathroom."

1. *There was so much noise that I couldn't ______ anything.*
2. *I was ____________________ the stereo when the phone rang, so I didn't ____________________ it.*
3. *That boy never ____________________ me!*
4. *If you ____________________ carefully, you can ____________________ that he's a foreigner.*
5. *Did you ____________________ what I said? – Sorry, I wasn't ____________________ .*

96 *high school, college, university*

*After graduating from **high school** she wants to go to **college/university.***

Nachdem sie die **Highschool** abgeschlossen hat, will sie die **Hochschule** besuchen.

In **Amerika** ist die ***high school*** die von der großen Mehrheit der Jugendlichen besuchte **Gesamtschule,** die mit der 12. Klasse abschließt und auf das Berufsleben oder ein Hoch- oder Fachschulstudium vorbereitet.

college bezeichnet nahezu jegliche Art von **höherer Bildungseinrichtung,** d.h. Fachschule, Fachhochschule, Akademie etc., in **Amerika** auch die ersten vier Jahre der **Universität.**

→ Vgl. *public school* 156; *gymnasium* 88

97 *homework, housework*

***For your homework** please do exercise 2 on page 40.*

Als Hausaufgabe macht bitte die Übung 2 auf Seite 40.

*He never does any **homework.***

Er macht nie **Hausaufgaben**.

*They share all the **housework.***

Sie teilen sich die gesamte **Hausarbeit.**

homework (nur Singular)	–	**Hausaufgabe(n)**
housework (nur Singular)	–	**Hausarbeit** (= Kochen, Putzen etc.)

Weder ***homework*** noch ***housework*** werden mit dem unbestimmten Artikel ***a*** gebraucht.

Eine einzelne **Hausaufgabe** kann durch ***a piece of homework*** ausgedrückt werden.

Vorsicht:

homework (amerikanisches Englisch),
outwork (britisches Englisch) – Heimarbeit

→ Vgl. *work, job* 194

Test 96

Setze ***high school, college*** oder ***university*** ein:

1. *You have to go to* ________________________ *to become a doctor.*

2. *In America four-fifths of all young people aged 17 attend* ________________________.

3. *After finishing school I want to go to a technical or commercial* ______________________.

Test 97

Übersetze:

1. Vergesst nicht, eure Hausaufgaben zu machen.

____

2. Wenn du mir bei [1] der Hausarbeit hilfst, helfe ich dir bei deinen Hausaufgaben.

____

____

3. Die Lehrerin hat vergessen, uns eine Hausaufgabe zu geben.

____

? [1] *with*

98 *how, what (... like)*

How is *your mother?*	**Wie geht es** deiner Mutter?
What's *the weather* ***like?***	**Wie ist** das Wetter?
What does *he look* ***like?***	**Wie sieht** er **aus?**
How did *he* ***look?***	**Wie sah** er **aus** (= welchen Eindruck machte er)?
What do you call *this?* (ϟ **nicht:** *how*)	**Wie nennt man** das?
How do you say *it in English?*	**Wie sagt man** es auf Englisch?
What's *your name/address etc.?*	**Wie ist** Ihr Name/Ihre Adresse etc.?
What's *the score?*	**Wieviel steht es / Wie ist** der Spielstand?

Die Verwechslung von ***how*** und ***what (... like)*** gehört zu den häufigsten Fehlern.

Faustregel: In Verbindung mit ***to be*** und ***to look*** fragt ***how*** meist nach dem **augenblicklichen** (Gesundheits-)**Zustand**, ***what ... like*** dagegen nach **allgemeinen Eigenschaften.**

Bei **Vollverben** wird ***how*** meist nur in der Bedeutung **wie** (= auf welche Weise, mit welchen Mitteln) gebraucht.

what is ... fragt nach Informationen wie **Namen, Mengen-** und **Ortsangaben.**

Am besten prägst du dir die oben aufgeführten Beispiele und ihre deutschen Entsprechungen ein.

→ Vgl. Altersangaben 7; *how do you do* 99; *What colour …?* 51

Test 98

Setze ***how*** oder ***what*** ein:

1. ______________ *'s an instrument for measuring temperature called?*

2. ______________ *do you open this box?*

3. ______________ *'s your age?* ______________ *'s your passport number?*

4. ______________ *'s the height of the Empire State Building?*

5. ______________ *'s this word pronounced in English?*

Übersetze:

6. Wie ist eure neue Lehrerin? ______________________________

7. Wie ist ihr Name? ______________________________

8. Wie sieht sie aus? ______________________________

9. Wie geht es deinen Großeltern? ______________________________

10. Wie ist das Klima in Südkalifornien? ______________________________

____

11. Wie schreiben[1)] Sie Ihren Namen? ______________________________

What is it like to walk down a New York street alongside actors Warren Beatty and Dustin Hoffman? "People speak to them, say hi, and they are very nice to fans," says reporter Sue Allison. "I was completely invisible. No one saw me at all." Allison and assistant picture editor Bobbi Baker Burrows spent a weekend at a studio where the megastars were making a video to promote their new movie, *Ishtar*.

? 1) *spell*

99 *how do you do*

How do you do? – How do you do?	**Guten Tag! – Guten Tag!**
How are you? *– I'm fine, thanks.* ***And how are you?***	**Wie geht es (Ihnen / dir)?** – Danke, gut. **Und Ihnen / dir?**

! **Beachte:**

Unter jungen Menschen und in zwanglosen Situationen wird ***How do you do?*** kaum verwendet. Man begrüßt sowohl Bekannte als auch Fremde mit ***hello*** oder ***hi.***

> ***how do you do?*** (= Guten Tag!) ist eine **förmliche Begrüßung,** die nur gebraucht wird, wenn Menschen sich zum ersten Mal begegnen.
> Die **Antwort** ist immer ***how do you do?*** (= Guten Tag!) und wird oft von einem Händeschütteln begleitet.
>
> **Bekannte** werden mit ***how are you?*** etc. begrüßt.

100 *if, when*

We'll go jogging ***if it doesn't rain.***	Wir gehen joggen, **wenn es nicht regnet.**
We'll go jogging ***when I come back.***	Wir gehen joggen, **wenn ich zurückkomme.**
I always take the train ***when I go*** *to London.*	Ich nehme immer den Zug, **wenn** ich nach London **fahre.**

if	–	**wenn, falls**
when	–	**wenn** (zum angegebenen Zeitpunkt); **(jedesmal) wenn**

Test 99

Ergänze folgenden Dialog:

______________ , *John,* ______________ ______________ *you?*

– I'm ______________ , ______________.

And ______________ ______________ ______________?

______________________ ______________ , *too, thanks.*

Test 100

Setze ***if*** oder ***when*** ein:

1. ______________ *he's on holiday he always goes fishing.*

2. *I'll be with you at eight* ______________ *I catch the six o'clock train.*

3. *Please wake me up* ______________ *it's time to leave.*

if-Sätze

101 *if*-Sätze: Die 3 Grundtypen

1. ***If** you **go*** (Present) *by train, you **will save*** (Future) *energy.* — **Wenn** ihr mit der Bahn **fahrt**, **werdet** ihr Energie **sparen**.
2. ***If** you **went*** (Past) *by train, you **would save*** (Conditional) *energy.* — **Würdet** ihr mit der Bahn **fahren**, **würdet** ihr Energie **sparen**.
3. ***If** you **had gone*** (Past Perfect) *by train, you **would have saved*** (Conditional Perfect) *energy.* — **Wenn** ihr mit der Bahn **gefahren wäret**, **hättet** ihr Energie **gespart**.

! **Beachte:** Kein *would* im *if*-Teil!

> ***if*-Sätze** bestehen aus zwei Teilen:
> einer **Bedingung** oder **Voraussetzung** (dem **Nebensatz**) und einer **Aussage** (dem **Hauptsatz**).
>
> Es gibt **drei Grundtypen**, deren Bedeutung von den jeweils verwendeten **Zeitstufen** abhängt:
>
> In **Typ 1** ist die Voraussetzung für die Aussage **wahrscheinlich,** in **Typ 2 unwahrscheinlich** und in **Typ 3 unmöglich**, da eine Aussage über die Vergangenheit gemacht wird, also darüber, was gewesen wäre, wenn ...

→ Vgl. *if, when* 100

102 *if*-Sätze: Typ 2 mit unerfüllbarer Voraussetzung

***If I were you**, I wouldn't do that.*	**Ich an deiner Stelle** würde das nicht tun.
***If I were a woman**, I'd fight for my rights.*	**Wenn ich eine Frau wäre**, würde ich für meine Rechte kämpfen.
***If I could perform magic**, I'd turn plastic into gold.*	**Wenn ich zaubern könnte**, würde ich Plastik in Gold verwandeln.

! **Beachte:** In korrektem Englisch wird meist ***were*** statt ***was*** verwendet.

> Auch im Typ 2 kann die **Voraussetzung unerfüllbar** und damit die Aussage rein theoretisch sein.

Test 101

Setze die in Klammern angegebenen **Verben** in die **richtige Zeitstufe:**

1. *If John had studied harder, he* __________________ *(pass) his exams.*

2. *If you* __________________ *(not drive) more carefully, you'll have an accident.*

3. *You* __________________ *(cannot) finish your work on time, if you wait any longer.*

4. *If they* __________________ *(have) children, they* __________________ *(make) the same mistakes as everybody else.*

5. *I would have been there if I* __________________ *(know) you were coming.*

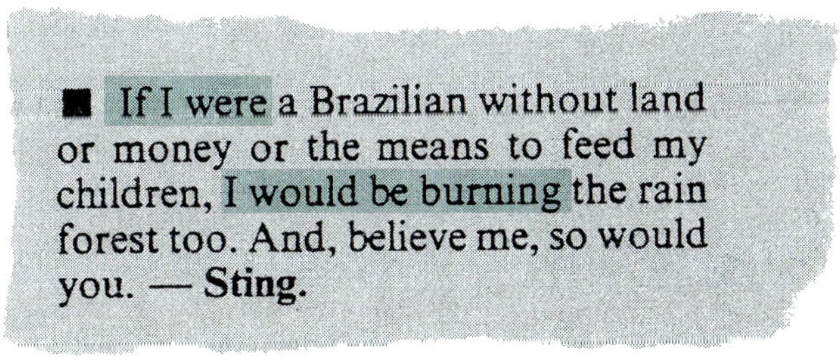

■ If I were a Brazilian without land or money or the means to feed my children, I would be burning the rain forest too. And, believe me, so would you. — **Sting.**

Test 102

Setze die in Klammern angegebenen **Verben** in die **richtige Zeitstufe:**

1. *If I* __________________ *(be) Prime Minister, I* __________________ *(raise) the price of petrol by 200 per cent.*

2. *If dogs* __________________ *(be allowed) to vote, they* __________________ *(support) the party that promises to save the trees.*

3. *Cats* __________________ *(go) and see 'Cats' if they* __________________ *(can) buy tickets.*

103 *if*-Sätze: Mischformen

*If you **had worked harder**, you'**d be** more successful now.*

Wenn du **fleißiger gewesen wärest** (*Typ 3*), **wärest** du heute erfolgreicher (*Typ 2*).

*If you **were** a little more ambitious, you **would have won** the competition.*

Wenn du ein bisschen ehrgeiziger **wärest** (*Typ 2*), **hättest** du den Wettbewerb **gewonnen** (*Typ 3*).

Neben den drei Grundtypen gibt es auch **Mischformen** aus **Typ 2** und **3**, die eine Beziehung zwischen **Gegenwart** und **Vergangenheit** ausdrücken.

ϟ **Vorsicht:**

Es gibt **keine** Mischformen mit **Typ 1!**

104 *ill, sick*

*He's **been ill** for two years.*

Er **ist** seit zwei Jahren **krank**.

*He's a very **sick man**.* (ϟ **nicht:** *ill*)

Er ist ein sehr **kranker Mann**.

I'm going to be sick.

Mir wird schlecht / Ich muss brechen.

***seasick, airsick** etc.*

seekrank, luftkrank etc.

ill im Sinne von **krank** kann nur **prädikativ**, d.h. nach ***to be, to feel*** etc., gebraucht werden.

sick dagegen kann sowohl **attributiv** (vor **Substantiven**) als auch **prädikativ** und in Zusammensetzungen gebraucht werden, z. B. ***seasick*** (= seekrank).

to be sick bedeutet meist **Übelkeit empfinden**, besonders im britischen Englisch auch **brechen, sich übergeben**.

Test 103

Übersetze:

1. Wenn ich ein Mann wäre, hätten sie mir die Stelle gegeben.

____

2. Wir hätten heute weniger Probleme, wenn wir mehr Geld in die Entwicklung alternativer Energiequellen investiert hätten.

____

____

How much wood would a woodchuck chuck
If a woodchuck could chuck wood?
He would chuck as much wood as a woodchuck could chuck
If a woodchuck could chuck wood.

Test 104

Setze ***ill*** oder ***sick*** ein:

1. *She's looking after her* __________ *father.*

2. *I've been too* __________ *to go to school.*

3. *As a child I used to get car* __________ .

4. *I start to feel* __________ *the moment I see a plane.*

5. *She got* ________ *when her husband died and has been a very* ________ *woman ever since.*

105 *in, on the picture*

*What do you see **in this picture**?* (ϟ **nicht**: *on*)	Was seht ihr **auf diesem Bild**?
*There's a stain **on the picture**.*	**Auf dem Bild** ist ein Fleck.

Um auszudrücken, was **auf** einem Bild, Foto etc. **abgebildet** ist, wird stets die Präposition ***in*** verwendet.

on bedeutet **(oben)drauf**.

ϟ **Vorsicht:**

***on** the map* – **auf** der Landkarte

-ing-Form

106 *-ing*-Form: nach Präpositionen

*Thanks **for coming**.*	Danke, **dass** Sie **gekommen sind.**
*He has no chance **of winning**.*	Er hat keine Chance **zu gewinnen.**
*She's good **at telling** lies.*	Sie kann gut **lügen.**
*How can people take pleasure **in torturing** animals!*	Wie können Menschen Freude daran haben, Tiere **zu quälen!**

Folgt ein **Verb** direkt auf eine **Präposition**, muss es **immer** in der ***-ing*-Form** stehen.

! **Beachte:**

Viele **Verben, Substantive** und **Adjektive** gehen eine enge **Verbindung** mit bestimmten **Präpositionen** ein.
Eine besondere Fehlerquelle liegt darin, dass ihren deutschen Entsprechungen sehr häufig der **Infinitiv** mit **zu** folgt.

ϟ **Vorsicht:**

*to **insist on doing** something* – **darauf bestehen**, etwas **zu tun**

difficulty (Singular!) ***in doing** something* – **Schwierigkeiten**, etwas **zu tun**

capable [ˈkeɪpəbl] ***of doing** something* – **fähig**, etwas **zu tun**

→ Vgl. *worth* + *ing*-Form 195

Test 105

Übersetze:

1. Würdest du mich auf diesem Bild erkennen?

____

2. Auf dem Bild war eine dicke Staubschicht [1].

____

? [1] *layer of dust*

Test 106

Übersetze:

1. Sind Sie daran interessiert, für uns zu arbeiten?

(interested in) ____

2. Diese Methode hat den Vorteil, viel Energie zu sparen.

(advantage of) ____

____

3. Es gelang ihnen, das Feuer unter Kontrolle zu bringen [1].

(succeed in) ____

____

4. Wer von euch hatte die blöde Idee, den Metalltopf ins Mikrowellengerät [2] zu stellen?

(idea of) ____

____

? [1] *get;* [2] *microwave*

107 *ing*-Form: nach bestimmten Verben und Ausdrücken

Stop crying, please! — Bitte **hör auf zu weinen!**

At weekends I ***enjoy staying up*** *late and* ***sleeping*** *late in the morning.* — Am Wochenende **genieße** ich **es,** lange **aufzubleiben** und morgens lange **zu schlafen.**

If you go on like this, you'll ***risk losing*** *your job.* — Wenn du so weitermachst, **riskierst** du, deine Stelle **zu verlieren.**

It's no use waiting *any longer.* — **Es hat keinen Zweck,** noch länger **zu warten.**

Nach vielen **Verben** und **Ausdrücken** muss ein nachfolgendes Verb in der ***-ing*-Form** stehen.

Zu den häufigsten gehören: ***avoid, consider, dislike, enjoy, finish, can't help, imagine, keep, mind*** (= etwas dagegen haben), ***miss, no good, no use, practise, risk, stop*** (= aufhören), ***can't stand, suggest***

Vorsicht:

Eine besondere Fehlerquelle liegt darin, dass den deutschen Entsprechungen sehr häufig der **Infinitiv** mit **zu** folgt.

"Just keep taking the tablets and stop worrying about the side-effects."

Test 107

Übersetze:

1. Er schlug vor, in ein anderes Restaurant zu gehen.

   (suggest) ______________________________

2. Ich kann mir nicht vorstellen, in einer Welt ohne Bäume zu leben.

   (imagine) ______________________________

   ____

3. Sie sollten vermeiden, fettes[1] Fleisch zu essen, und aufhören zu rauchen.

   (avoid, stop) ______________________________

   ____

4. Hast du schon einmal daran gedacht, deine Arbeitsstelle zu wechseln?

   (consider) ______________________________

   ____

5. Viele Menschen haben nichts dagegen, abends zu arbeiten, wenn sie dafür[3] einen Tag frei[2] bekommen.

   (mind) ______________________________

   ____

6. In Washington sollte man nicht versäumen, das Luft- und Raumfahrtmuseum[4] zu besuchen.

   (miss) ______________________________

   ____

7. Es hat keinen Zweck, sich zu beschweren; sie werden nichts dagegen[5] tun.

   (no use) ______________________________

   ____

? [1] *fatty*; [2] *a day off*; [3] *to make up*; [4] *Air and Space Museum*; [5] *about it*

108 *irritate, confuse, put off*

*His phoney British accent **irritates** me.*	Sein unnatürlicher britischer Akzent **geht** mir **auf die Nerven.**
*Spray deodorants **irritate** my skin.*	Deosprays **reizen** meine Haut.
*He **confuses** his opponents with his unorthodox style.*	Er **irritiert** seine Gegner durch seine unorthodoxe Spielweise.
*No knitting during my lessons please – it **puts** me **off.***	Bitte in meinem Unterricht nicht stricken – es **irritiert** mich.

to irritate [ˈɪrɪteɪt]	–	**reizen, ärgern,** in dieser Bedeutung auch: **irritieren**
to confuse [kənˈfjuːz]	–	**irritieren** (= verwirren, verunsichern)
to put** someone **off	–	jemanden **irritieren** (= ablenken, stören)

109 *isolate, insulate*

*I can't see much sense in **isolating** AIDS victims.*	Ich sehe wenig Sinn darin, Aidspatienten zu **isolieren.**
*Well-**insulated** windows can save you a lot of money.* (ϟ **nicht:** *isolated)*	Mit gut **isolierten** Fenstern kann man viel Geld sparen.
***insulating** tape*	**Isolierband**

to isolate [ˈaɪsəleɪt]	–	**isolieren, absondern, ausschließen**
to insulate [ˈɪnsjuleɪt]	–	**isolieren** (gegen Kälte, Strom etc.)

Test 108

Setze die richtige Form von ***irritate, confuse*** oder ***put off*** ein:

1. *I wanted to get some work done, but I was* ____________________ *by the noise of the vacuum cleaner.*

2. *The way he smacks his lips when he is eating really* ________________________ *me.*

3. *These constant blackouts are very* ________________________ .

4. *What* ________________________ *me was that all the houses looked alike.*

5. *Sweet wine tends to* ________________________ *my stomach.*

Test 109

Setze ***isolated*** oder ***insulated*** ein:

1. *Electrical appliances can be very dangerous if they aren't properly* ________________________ .

2. *Our village was* ________________________ *by the snowstorm.*

3. *Most houses in the USA are badly* ________________________ .

LOFTY
INSULATIONS LTD

SPECIAL SUMMER DEAL

SAVE ON WINTER FUEL CHARGES AND HAVE YOUR ROOF INSULATED NOW. FOR FREE QUOTATION CONTACT US ON
THANET 811508 (anytime)

110 *last, latest*

*"Let It Be" was the Beatles' **last** album.*	„Let It Be" war die **letzte** Platte der Beatles.
*I don't like Bruce Springsteen's **latest** album as much as his **last** one.*	Die **neueste** Platte von Bruce Springsteen gefällt mir nicht so gut wie seine **letzte** (= vorige).
*the **latest** news/fashion*	die **letzte (= neueste)** Nachricht / Mode

last	–	**letzte** (überhaupt oder zeitlich unmittelbar vor der neuesten Entsprechung liegend), **vorige**
latest	–	**neueste, letzte**

→ Vgl. *at last, at least* 25

111 *late, lately*

*We went to bed **late,** as usual.*	Wir gingen wie gewöhnlich **spät** zu Bett.
*I haven't seen much of her **lately.***	Ich habe sie **in der letzten Zeit** wenig gesehen.

late (Adjektiv und Adverb)	–	**(zu) spät**
lately (Adverb)	–	**in letzter Zeit**

112 *learn, study*

*I've **been learning** English for six years.*	Ich **lerne** seit sechs Jahren Englisch.
*Children **learn** very fast.*	Kinder **lernen** sehr schnell.
*He **studied** for his exams all evening.* (ϟ **nicht:** *learnt)*	Er **hat** den ganzen Abend für die Prüfung **gelernt** (= gearbeitet).
*to **learn** a poem **(by heart)***	ein Gedicht **(auswendig) lernen**

Wenn **lernen** durch **arbeiten** ersetzt werden kann, wird es durch ***study*** [ˈstʌdɪ] ausgedrückt.

Test 110

Setze ***last*** oder ***latest*** ein:

1. *I prefer this job to my* ________________ *one.*
2. *They've got the very* ________________ *in computer software.*
3. *This is our* ________________ *bottle of wine.*
4. *Her* ________________ *book is much better than her* ________________ *one.*

> **Mel makes waves**
>
> ACTOR Mel Gibson has come in for some hair-raising flak over his sissy role as a gay hairdresser in his latest movie Bird on a Wire.

Test 111

Setze ***late*** oder ***lately*** ein:

1. *There has been so much traffic* ________________ *that I've been* ________________ *for work several times.*
2. *Better* ________________ *than never, I always say.*

Test 112

Setze die richtigen Formen von ***learn*** oder ***study*** ein:

1. *Does this school have a room where students can* ________________ *quietly?*
2. *My daughter is* ________________ *to drive.*
3. *She* ________________ *to swim when she was five.*
4. *You'll never* ________________ *to speak French if you don't* ________________ *harder.*

113 *leave, let*

*I **left** the car in the garage.* — Ich **habe** den Wagen in der Garage **gelassen.**
*Don't **leave** the window open.* — **Lass** das Fenster nicht offen!

*Please **let** me do it.* — Bitte **lass** mich es tun.
*Don't **let** him in.* — **Lasst** ihn nicht herein!

***Leave** me alone!* — **Lass** mich in Ruhe!
*Let's **leave** it at that.* — **Lassen** wir es dabei.

leave im Sinne von **lassen** bedeutet meist an einem **Ort** oder in einem **Zustand lassen, zurücklassen, liegen** oder **stehen lassen.**

let in Verbindung mit einem **Infinitiv** bedeutet meist etwas **tun lassen, zulassen** oder **erlauben.**

let in Verbindung mit **Präpositionen** wie *down, in(to), out* oder *through* bedeutet **herunter-, herein-, heraus-** oder **durchlassen.**

→ Vgl. *have something done* 94

114 *less, fewer*

*There is **less time** than I thought.* — Wir haben **weniger Zeit**, als ich dachte.

*He's making **fewer mistakes** than he used to.* — Er macht **weniger Fehler** als früher.

less ist die Steigerung von ***little*** (= wenig).
fewer (nur Plural!) ist die Steigerung von ***few*** (= wenige).

→ Vgl. *little, few, a little, a few* 119

Test 113

Setze die richtigen Formen von ***leave*** oder ***let*** ein:

1. ________________ *Peter do it.*

2. *I'm* ________________ *my hair grow.*

3. *Who* ________________ *the back door open?*

4. *Computers* ________________ *me cold.*

5. *Someone's* ________________ *the air out of all the tires.*

6. *She* ________________ *the children with me when she goes shopping.*

7. *I'll* ________________ *the key under the doormat so you can* ________________ *yourself in.*

Test 114

Setze ***less*** oder ***fewer*** ein:

1. *If you work* ________________ *hours you will make* ________________ *money.*

2. *The trip costs* ________________ *than £ 100.*

3. *Shakespeare knew little Latin and even* ________________ *Greek.*

4. ________________ *cars cause* ________________ *pollution.*

115 *lie, lay*

He ***lay*** *on the bed reading all afternoon.*	Er **lag** den ganzen Nachmittag auf dem Bett und las.
They ***laid*** *the injured boy on a bed.*	Sie **legten** den verletzten Jungen auf ein Bett.
She ***lay down*** *on the bed and took a nap.*	Sie **legte sich** auf das Bett und machte ein Nickerchen.

to lie, lay, lain [laɪ], [leɪ], [leɪn]	–	**liegen**
to lay, laid, laid [leɪ], [leɪd], [leɪd]	–	**legen**
to lie (down)	–	**sich (hin)legen**

ϟ **Vorsicht:**

to lie, lied, lied **– lügen**

116 *life / lives, live, alive*

There is no ***life*** [laɪf] *on the moon.*	Es gibt kein **Leben** auf dem Mond.
They saved ***our lives*** [laɪvz] (Plural!).	Sie haben uns **das Leben** gerettet.
You can't ***live*** [lɪv] *without air.*	Ohne Luft kann man nicht **leben.**
Is *your grandfather still* ***alive*** [əˈlaɪv]*?* *They were buried* ***alive*** [əˈlaɪv].	**Lebt** dein Großvater noch? Sie wurden **lebendig** begraben.
The cat was playing with a ***live*** [laɪv] *mouse.*	Die Katze spielte mit einer **lebenden** Maus.
It's a ***live*** [laɪv] *programme, not a recording.*	Es ist eine **Direkt**übertragung (**Live**sendung), keine Aufzeichnung.

Die zur Wortfamilie ***live*** gehörenden Wörter werden in **Aussprache** und **Schreibung** oft miteinander verwechselt. Deshalb muss man sie sich genau einprägen:

life [laɪf], Plural: ***lives*** [laɪvz]	–	**das Leben**
to live [lɪv]	–	**leben, wohnen**
(a)live [(ə)ˈlaɪv]	–	**lebend(ig)**
live [laɪv]	–	**Direkt-, Live-** (im Deutschen oft wie ***life*** ausgesprochen)

Test 115

Setze die richtigen Formen von ***lie*** oder ***lay*** ein:

1. ________________ *down your gun and come out with your hands up!*

2. *I* ________________ *awake all night again.*

3. *San Diego* ________________ *about 16 miles from the Mexican border.*

4. *I'm* ________________ *down for a while.*

5. *The police* ________________ *a trap and caught the thieves.*

6. *Why are you* ________________ *to me?*

7. *He went into his room,* ________________ *his clothes over a chair,* ________________ *down on the sofa and went to sleep immediately.*

Test 116

Setze ***life, lives, live*** oder ***alive*** ein:

1. *Three teenagers lost their* ________________ *in the accident.*

2. *I wish I could see the Rolling Stones* ________________ *!*

3. *Most seabirds* ________________ *on*[1] *fish.*

4. *This is the happiest day in my* ________________*!*

5. *Many homeless people have to* ________________ *out of garbage cans*[2].

6. *Billy the Kid was wanted dead or* ________________ .

SCHOOL uniforms are costing children's lives because drivers cannot see them in the dark.

? [1] von; [2] Mülltonnen (AE)

117 *like, as*

*She cried **like** a baby.*	Sie weinte **wie** ein Kind.
*He's just **like** me.*	Er ist genau **wie** ich.
*When the car's washed it'll look **like** new.*	Wenn der Wagen gewaschen ist, wird er **wie** neu aussehen.
*He was late, **as** usual.*	**Wie** gewöhnlich kam er zu spät.

!

Beachte:

*He plays tennis **like** a professional.*	Er spielt Tennis **wie** ein Profi.
*He plays tennis **as** a professional.*	Er spielt **als** Profi Tennis (= ist Berufsspieler).

Vor **Substantiven, Pronomen** und **Adjektiven** entspricht ***like*** meist dem deutschen **wie.**

Vor **Adverbien der Zeit** und **Ausdrücken der Häufigkeit** steht meist ***as*** für deutsch **wie.**

Vor **Substantiven** entspricht ***as*** meist dem deutschen (in der Eigenschaft) **als.**

→ Vgl. *as, how* 22; *as, than* 24

118 *liquor*

*under the influence of **liquor***	unter **Alkohol**einfluss
*an orange **liqueur***	ein Orangen**likör**

liquor [ˈlɪkə]	–	britisches Englisch: **Alkohol, alkoholische Getränke** (aller Art)
(hard) liquor	–	besonders in Amerika: **Schnaps** (Whisky, Gin etc.)
liqueur [lɪˈkjʊə]	–	(hochprozentiger) **Likör**

Test 117

Setze ***like*** oder ***as*** ein:

1. *From what I heard, he sounds ____________ the right man for the job.*

2. *We played chess* [1] *and he beat me, ____________ always.*

3. *He works ____________ a ski instructor, although he doesn't look ____________ one.*

4. *He had a serious accident last month, but he still drives ____________ mad, just ____________ he did before.*

? [1] Schach

Test 118

Setze ***liquor*** oder ***liqueur*** ein:

1. *In America many ____________________ stores are open all night.*

2. *'Benedictine' is a famous French ____________________ .*

3. *A glass of ____________________ after a meal is the only ____________________ I drink.*

119 *little, few, a little, a few*

I've got very ***little*** *money left.*	Ich habe nur noch sehr **wenig** Geld.
Few *people live to be 100.*	Nur **wenige** Menschen werden 100 Jahre alt.
She had ***a few*** *eggs and* ***a little*** *milk left.*	Sie hatte noch **ein paar** Eier und **etwas** Milch.

little	–	**wenig** (Singular)
few	–	**wenige** (Plural)
a little	–	**etwas, ein wenig** (Singular)
a few	–	**einige, ein paar** (Plural)

→ Vgl. *less, fewer* 114; *much, many, a lot of* 132

120 *look (at), see, watch*

Look, *something's moving!* *They* ***looked at*** *the photographs.*	**Schau** mal, es bewegt sich etwas! Sie **schauten sich** die Fotos **an.**
I can't ***see*** *anything.*	Ich kann nichts **sehen/erkennen.**
The kids ***watch*** *too much TV.* *Millions of people* ***were watching*** *the cup final.*	Die Kinder **sehen** zuviel fern. Millionen von Menschen **sahen sich** das Pokalendspiel **an.**

! **Beachte:**

They are ***watching*** *the news.* – Die **Handlung** wird betont.
Have you ***seen*** *the news?* – Das **Ergebnis** wird betont.

to look	–	**schauen, blicken; hinsehen; suchen; aussehen**
to look at	–	**(sich) anschauen, ansehen**
to see	–	**sehen, erblicken, erkennen**
to watch	–	**beobachten,** bei etwas **zuschauen, sich** etwas (Programm, Spiel etc.) längere Zeit **ansehen**

Bei der Vielzahl von Verbindungen, die ***look, see*** und ***watch*** eingehen können, kann nicht mehr als eine Faustregel gegeben werden.
Am besten prägt man sich die **wichtigsten Verbindungen** (z.B. ***to watch TV***, aber ***to see a play***) ein.

→ Vgl. Adjektiv statt Adverb bei Verben der sinnlichen Wahrnehmung 4; *hear, listen (to)* 95

Test 119

Setze ***little, a little, few*** oder ***a few*** ein:

1. *There were too* __________ *machines for the work they had to do.*

2. *Would you like* __________ *wine?*

3. *He works hard and has* __________ *time to enjoy himself.*

4. *Can't you stay for* __________ *days longer?*

5. *I'm afraid there's* __________ *I can do for you.*

Test 120

Setze die richtigen Formen von ***look (at), see*** oder ***watch*** ein:

1. *We're going to* __________ *tennis this afternoon.*

2. *I* __________ *for the children but couldn't* __________ *them in the crowd.*

3. *The police have been* __________ *him for weeks.*

4. *When I* __________ *out of the window, I* __________ *a black car parked across the street.*

5. __________ *this painting by van Gogh.* *Have you ever* __________ *anything more beautiful?*

6. *Did you* __________ *what the man* __________ *like? – Sorry, I didn't* __________ *at his face.*

121 *machine, automat*

*In amusement arcades you can play with **slot machines** when you put money in them.*	In Spielhallen kann man an **Automaten** spielen, wenn man Geld einwirft.
*a **vending machine*** *britisch auch: **slot machine***	ein (Verkaufs-)**Automat**
*a **cigarette machine***	ein **Zigarettenautomat**
*a **soft drink(s) machine***	ein **Getränkeautomat**
*a **one-armed bandit/slot machine***	ein (Geld-)**Spielautomat**
*britisch auch: **fruit machine***	
*a **pinball machine***	ein **Spielautomat, Flipper**
*An **automat** is an American selfservice restaurant in which you obtain food from **machines** by dropping coins in slots.*	Ein **Automatenrestaurant** ist ein amerikanisches Selbstbedienungsrestaurant, in dem man durch das Einwerfen von Münzen Speisen aus **Automaten** erhält.

Im Englischen bezeichnet ***machine*** [məˈʃiːn] fast jede Art von **Automaten.**
automat [ˈɔːtəmæt] bedeutet **Automatenrestaurant.**

→ Vgl. *music(al) box, jukebox* 134

122 *major, mayor*

*He's a **major** in the British Army.*	Er ist **Major** in der Britischen Armee.
*The visitors were welcomed by the **mayor.***	Die Besucher wurden vom **Bürgermeister** begrüßt.

! **Beachte:**

Das **Adjektiv *major*** (Gegenteil: ***minor)*** bedeutet **größer, bedeutend.**

major [ˈmeɪdʒə] – **Major**
mayor [ˈmeə] – **(Ober-)Bürgermeister(in)**

Test 121

Übersetze:

1. In Las Vegas kann man an den Spielautomaten viel Geld verlieren.

____

2. Kannst du mir eine Münze für den Kaugummiautomaten geben?

____

3. In der Bahnhofshalle gibt es viele Verkaufsautomaten.

____

4. In England dürfen auch Kinder [an] Geldspielautomaten spielen.

____

Test 122

Setze ***major(s)*** oder ***mayor(s)*** ein:

1. *Many U.S. astronauts were* ____________ *in the U.S. Air Force.*

2. *We want a woman for* ____________ .

3. *Several* ____________ *cities in the USA have black* ____________.

123 *man, husband*

*Martin is a very handsome **man.***	Martin ist ein sehr gut aussehender **Mann**.
*He would make an ideal **husband** for her.*	Er würde den idealen **Mann** für sie abgeben.

man [mæn] Plural: ***men*** [men]	–	**Mann**
husband [ˈhʌzbənd]	–	**(Ehe-)Mann**

→ Vgl. *woman, wife* 192

124 *manager, executive*

*Waiter! I'd like to speak to the **manager.***	Herr Ober! Ich möchte mit dem **Geschäftsführer** sprechen.
*He's one of the chief **executives** in a computer company.*	Er ist einer der Top**manager** in einer Computerfirma.
*She's an excellent **manager.***	Sie **kann** ausgezeichnet **wirtschaften.**

manageress (selten)	–	**Geschäftsführerin**
manager	–	**Geschäftsführer(in), Leiter(in), Direktor(in)**; im Showgeschäft: **Manager;** Person, die gut wirtschaften kann
executive [ɪgˈzekjətɪv]	–	**Manager** (= leitende(r) Angestellte(r)), **Führungskraft**

→ Vgl. *boss, chef, chief* 36

125 *marine, navy*

*U.S. **marines** took Iwo Jima in 1945.*	1945 nahmen amerikanische **Marineinfanteristen** Iwo Jima ein.
*He wants to join the **navy.***	Er will zur **Marine** gehen.
***marine** biology*	**Meeres**biologie

marine [məˈriːn]	–	**Marineinfanterist**
marine ...	–	**Meeres** ..., **See** ...
navy	–	**Marine**

Test 123

Setze ***man*** oder ***husband*** ein:

1. *Have you met her* ________________ ?
2. *Neil Armstrong was the first* ________________ *on the moon.*
3. *Holly's* ________________ *is a very successful* ________________ .
4. *Who's that* ________________ *talking to your* ________________ ?
5. *I want my* ________________ *to be a real* ________________ .

Test 124

Setze ***manager*** oder ***executive(s)*** ein:

1. *I'll have to ask my bank* ________________ *for a loan.*
2. *This conference room is reserved for the* ________________ .
3. *You must be a very good* ________________ *to support such a large family.*
4. *He's a senior* ________________ *and might well become the general* ________________ .

Test 125

Setze ***marine(s)*** oder ***Navy*** ein:

1. *Dumping*[1] *at sea is a terrible danger to* ________________ *life.*
2. ________________ *are trained to fight on land or sea.*
3. *He's an officer in the Royal* ________________ .
4. *Whales and dolphins are* ________________ *mammals*[2].

? 1) Verklappung (von Schadstoffen); 2) Säugetiere

126 *marmalade, jam, jelly*

*I like toast and **marmalade** for breakfast.*	Ich esse gern Toast mit **Orangenmarmelade** zum Frühstück.

! **Beachte:** ***marmalade*** schreibt man mit ***-a-***

> ***marmalade*** wird nur aus **Orangen** oder anderen **Zitrusfrüchten** gemacht.
>
> **Marmelade** oder **Konfitüre** aus anderen Früchten heißt ***jam*****, Gelee** ist ***jelly.***

127 *mean, think*

What does** this word **mean?	**Was bedeutet** dieses Wort?
***What do** you **mean** by that?*	**Was meinst** du damit?
***I mean** you!*	Ich **meine** dich!
***I mean** what I say.*	Was ich sage, **meine** ich **ernst**. (Wörtlich: Ich meine, was ich sage.)
*He **means well.***	Er **meint es gut.**
***I didn't mean** to be rude.*	Ich **wollte nicht** unhöflich sein.
***What do** you **think** (about it)? (* ↯ **nicht:** *mean)*	**Was meinst du** (dazu)?
***I think** so too.*	Das **meine (finde)** ich auch.

to mean	–	**bedeuten; meinen** (= sagen wollen, jemanden oder etwas im Auge haben); etwas **ernst meinen; beabsichtigen, vorhaben**
to think, to be of the opinion	–	**meinen, der Meinung sein**

→ Vgl. *meaning, opinion* 128 und *find, think, like* 75

Test 126

Übersetze:

1. Erdbeermarmelade: ______________________________

2. Apfelgelee: ______________________________

3. Zitronenmarmelade: ______________________________

4. Aprikosen[1]marmelade: ______________________________

? 1) *apricot*

Test 127

Übersetze:

1. Meinst du dieses Buch?

____

2. Er meint es nicht [so].

____

3. Meinst du, wir sollten gehen?

____

4. Ich meine, das ist eine gute Idee. Was meint ihr?

____

5. Er sagte nein, aber er meinte ja.

____

6. Meinst du, sie meint es ernst?

____

"What does festival mean, dad?"

128 *meaning, opinion*

Most words have several ***meanings.***	Die meisten Wörter haben mehrere **Bedeutungen.**
In my ***opinion*** *he's wrong.*	Meiner **Meinung** nach hat er Unrecht.
What's your ***opinion****/What do you* ***think?***	Wie ist **deine Meinung?**
an ***opinion*** *poll*	eine **Meinungs**umfrage

meaning – **Bedeutung, Sinn**
opinion – **Meinung, Ansicht**

→ Vgl. *mean, think* 127

129 *menu, set lunch* etc.

Waiter, could I have the ***menu,*** *please?*	Herr Ober, könnte ich bitte die **Speisekarte** haben? (ϟ **nicht:** das Menü)
I'll have the ***set lunch,*** *please.*	Ich hätte gerne das **(Mittags-)Menü.**
a ***three-course-dinner***	ein **3-Gänge-Menü**

menu [ˈmenjuː] ist die **Speisekarte,** das **Menü** nur in der **Computersprache.**

Dem deutschen **Menü** (= Mahlzeit mit mehreren Gängen) im Restaurant entspricht ***table d'hote*** [ˌtɑːblˈdəʊt], in England meist ***set meal.***

130 *most, mostly*

What I fear ***most*** *is a nuclear accident.*	Was ich **am meisten** fürchte, ist ein Atomunfall.
Traffic accidents are ***mostly*** *caused by negligence.*	Verkehrsunfälle werden **meist** durch Fahrlässigkeit verursacht.

most – **am meisten**
mostly – **hauptsächlich, meist(ens)**

→ Vgl. *most, the most* 131

Test 128

Setze ***meaning*** oder ***opinion*** ein:

1. *She is of the* __________________ *that she's done the right thing.*

2. *Everybody should be allowed to express his* __________________.

3. *Life has lost all* __________________ *for him.*

4. *In my* __________________ *patriotism no longer has any* __________________.

Test 129

Übersetze:

Gast: Haben Sie Fisch auf der Speisekarte?

____

Ober: Ja, natürlich, Sir. Ich würde unser Mittagsmenü empfehlen[1]. Der zweite Gang ist Schellfisch[2].

____

____

? 1) *recommend;* 2) *haddock*

Test 130

Setze ***most*** oder ***mostly*** ein:

1. *What will help you* __________________ *is to stop smoking.*

2. *The people at this disco are* __________________ *very young.*

3. *What kind of holiday do you enjoy* __________________ *? –*

   Sometimes I go hiking, but __________________ *I stay at home.*

131 *most, the most*

Most *people are against war.*	**Die meisten** Menschen sind gegen den Krieg.
China is the country with ***the most*** *people.*	China ist das Land mit **den meisten** Menschen.
He spends ***most of*** *his money on clothes.*	Er gibt **das meiste** Geld/**den größten Teil** seines Geldes für Kleidung aus.
Let John pay – he's got ***the most*** *money.*	Lass John bezahlen – er hat **das meiste** Geld.

> Wenn ***most*** den **größten Teil** oder die **Mehrheit** einer bestimmten Menge bezeichnet, wird es stets **ohne** den Artikel ***the*** verwendet.
>
> ***the most*** bedeutet **mehr als alle anderen** oder **als je zuvor.**

→ Vgl. *most, mostly* 130

132 *much, many, a lot of*

Do you know ***many*** *people here?*	Kennst du hier **viele** Leute?
I don't have ***much*** *time.*	Ich habe nicht **viel** Zeit.
He makes ***a lot of*** *money.* *He's got* ***a lot of*** *friends.*	Er verdient **viel** Geld. Er hat **viele** Freunde.
too much *work* ***so many*** *times*	**zuviel** Arbeit **so viele** Male

> ***much*** bedeutet **viel** (Singular), ***many*** bedeutet **viele** (Plural). Beide werden meist in **Frage** oder **Verneinung** oder nach ***too*** und ***so*** gebraucht.
>
> In **Aussagesätzen** wird aber für Singular und Plural meist ***a lot of*** gebraucht.

→ Vgl. *little, few, a little, a few* 119

Test 131

Setze ***most*** oder ***the most*** ein:

1. *Americans eat* ______________________ *meat.*

2. *Who won* ______________________ *gold medals in Olympic history?*

3. *In Canada* ______________________ *Indians live in reservations.*

4. ______________________ *experts believe that the Labour candidate will get* ______________________ *votes.*

Test 132

Setze ***much, many*** oder ***a lot of*** ein:

1. *I haven't got* ______________________ *records, but I've got* ______________________ *books.*

2. *We didn't see* ______________________ *of the country.*

3. *She's lost* ______________________ *weight since she stopped eating so* ______________________ .

4. *There were too* ______________________ *people and too* ______________________ *noise.*

"He drinks too much"

133 *murder, murderer*

*He's wanted for **murder.***	Er wird wegen **Mordes** gesucht.
***Murder** on the Orient Express*	**Mord** im Orientexpress (ϟ **nicht:** Mörder)
*He's believed to be a mass **murderer.***	Man hält ihn für einen Massen**mörder.**

murder	– **Mord; (er)morden, umbringen**
murderer, murderess	– **Mörder, Mörderin**

134 *music(al) box, jukebox*

*This **music(al) box** plays my favourite tune.*	Diese **Spieldose** spielt meine Lieblingsmelodie. (ϟ **nicht:** Musikbox)
*I need some coins for the **jukebox.***	Ich brauche Münzen für die **Musikbox.**

musical box, in Amerika: ***music box***	– **Spieldose, Spieluhr**
jukebox [ˈdʒuːkbɒks]	– **Musikbox** (= Schallplattenautomat)

135 *must not, need not*

*You **mustn't say** things like that.*	Du **darfst** so etwas **nicht** sagen.
*You **needn't** come if you don't want to.*	Du **musst nicht (= brauchst nicht zu)** kommen, wenn du nicht willst.

must not/mustn't	– **nicht dürfen**
need not/needn't	– **nicht müssen/brauchen zu...**

Sowohl ***must not*** als auch ***need not*** gibt es nur im **Präsens,** und zwar nur in bestimmten Kontexten.

Für **andere Zeitstufen** werden ***not be allowed to*** (= nicht dürfen) und ***not have to*** (= nicht müssen/brauchen) verwendet.
Um Fehler zu vermeiden, sollte man im Zweifelsfall diese Formen **auch im Präsens** verwenden.

Test 133

Setze die richtigen Formen von ***murder*** oder ***murderer*** ein:

1. *Drunk drivers are all potential* ______________________.

2. *Another brutal* ______________________ *was reported last night.*

3. *John Lennon was* ______________________ *by a madman.*

4. *Trying to find a place to park in San Francisco is absolute* ______________________*!*

Test 134

Setze ***music(al) box*** oder ***jukebox*** ein:

1. *There was loud rock-and-roll music coming from the* ______________________.

2. *My boyfriend gave me a little* ______________________ *which plays 'Only you'.*

Test 135

Setze ***must/mustn't*** oder ***need not/needn't*** ein:

1. *You* ______________________ *worry – I'm all right.*

2. *I* ______________________ *forget to phone him tonight.*

3. *You* ______________________ *smoke in here.*

4. *You* ______________________ *tell me what he said – I know.*

136 *nearest, next*

*Can you tell me where the **nearest** filling station is?*	Können Sie mir sagen, wo die **nächste** Tankstelle ist?
*Turn right at the **next** crossing and you'll see it.*	Biegen Sie an der **nächsten** Kreuzung rechts ab, dann sehen Sie sie.

nearest	–	**nächste** (= nächstgelegene)
next	–	**nächste** (in der Reihenfolge)

137 *neither*

*I can't come. – **Neither** can I.*	Ich kann nicht kommen. – Ich **auch nicht.**
*There are two restaurants – **neither (of them)** is very good.*	Es gibt zwei Restaurants – **keines von beiden** ist/**beide** sind **nicht** gut.
*We suggested Saturday or Sunday, but **neither** day suits him.*	Wir haben Samstag oder Sonntag vorgeschlagen, aber **keiner von beiden** Tagen passt ihm/**beide** Tage passen ihm **nicht.**
***neither** you **nor** me*	**weder** du **noch** ich

neither… nor	–	**weder… noch**
neither (of them)	–	**keine(r)/keines von beiden, beide nicht**
neither + Hilfsverb + Subjekt	–	… **auch nicht**

→ Vgl. *either* 68

Test 136

Setze ***nearest*** oder ***next*** ein:

1. *He ran to the* __________ *phone box and called the police.*

2. *They live 10 miles from the* __________ *town.*

3. *In the* __________ *room you'll see some famous paintings by Turner.*

4. *Excuse me, where's the* __________ *railway station? – Take this bus and get off at the* __________ *stop and you'll be right at it.*

Test 137

Übersetze:

1. Er kann weder lesen noch schreiben.

____

2. Sie haben zwei Platten produziert, aber keine davon war ein Erfolg.

____

3. Ich mag keine Blaskapellen[1]. – Ich auch nicht.

____

4. Keine der beiden Antworten ist richtig.

____

Is it 'nine and five *is* thirteen' or 'nine and five *are* thirteen'? Neither—nine and five are fourteen!

? 1) *brass bands*

138 Nomen mit Verb im Plural

The police are *never there when you need* ***them.***	**Die Polizei ist** nie da, wenn man sie braucht.
The cattle are put out *to pasture in spring.*	**Das Vieh kommt** im Frühjahr auf die Weide.

Einige **Substantive** (= Nomen) werden **nur** im **Plural** verwendet wie z.B.:

the ***police***	–	die **Polizei**
the ***military***	–	das **Militär**
the ***clergy*** [ˈklɜːdʒɪ]	–	der **Klerus**
the ***cattle***	–	das **(Rind-)Vieh**

→ Vgl. *people(s)* 145

139 *of* bei Mengen- und Teilangaben

a ***glass of*** *milk*	ein **Glas** Milch
a ***slice of*** *bread*	eine **Scheibe** Brot
two ***pounds of*** *coffee*	zwei **Pfund** Kaffee
a ***flock of*** *sheep*	eine **Herde** Schafe
12 ***inches of*** *snow*	30 **cm** Schnee
a ***quarter of*** *a mile*	eine **Viertel**meile

Bei **Mengen- und Teilangaben** wird nach **Substantiven** fast immer ***of*** verwendet.

Vorsicht:

a dozen eggs – ein Dutzend Eier

→ Vgl. *couple, pair* 57

Test 138

Übersetze:

1. Die Polizei hat den Mörder [1] gefasst.

___

2. Das Vieh ist im Stall [2].

___

3. Das Militär hat die Kontrolle über [3] die Stadt.

___

? [1] Vgl. *murder, murderer* 133; [2] *shed*; [3] *be in control of*

Test 139

Übersetze:

1. eine Schachtel Streichhölzer ___
2. eine Tasse Tee ___
3. ein Tropfen Wasser ___
4. eine Herde Elefanten ___
5. zwei Gläser Wein ___
6. ein Satz [1] Werkzeuge ___
7. eine Horde [2] Kinder ___
8. ein Paar Handschuhe ___
9. zehn Morgen [3] Land ___
10. eine Sammlung Briefmarken ___

? [1] *set;* [2] *horde;* [3] *acres*

140 *oldtimer, vintage car* etc.

*Jack knows all about oil drilling – he's one of the **oldtimers.***

Jack weiß alles über die Ölbohrerei – er ist ein **alter Hase / schon lange dabei.**

*Every year there is a race for **veteran cars** between London and Brighton.*

Jedes Jahr findet ein **Oldtimer**rennen zwischen London und Brighton statt.

oldtimer bezeichnet einen **(alt)erfahrenen, „altgedienten" Menschen,** einen „**alten Hasen**" oder „**Veteran**", jemanden, der „schon lange dabei ist".

Ein **altes Auto** wird je nach Baujahr verschieden bezeichnet:

- in **England** z.B. als ***veteran*** [ˈvetrən] ***car*** (vor 1905) oder ***vintage*** [ˈvɪntɪdʒ] ***car*** (1. Weltkrieg bis 1930),
- in **Amerika** als ***classic car*** (1925 bis 1948), ***antique*** [ænˈtiːk] ***car*** (über 25 Jahre alt) oder allgemein ***vintage car*** (jedes wertvolle alte Auto).

oldtimer kann scherzhaft auch für ein altes Auto verwendet werden, ist aber nicht das übliche Wort.

141 *overhear, not hear, ignore*

*I **overheard** what she was saying about me.*

Ich habe **mit angehört,** was sie über mich sagte. (ϟ **nicht:** überhört)

*He was so absorbed in a book that he **didn't hear** the doorbell. (ϟ* **nicht:** *overheard)*

Er war so in ein Buch vertieft, dass er die Türglocke **überhörte.**

*She simply **ignores** requests like that.*

Solche Bitten **überhört** sie einfach.

to overhear	–	(meist zufällig) **mit anhören, mitbekommen, aufschnappen**
not hear	–	**überhören** (= nicht hören)
to ignore	–	**„überhören", nicht beachten**

→ Vgl. *overlook, oversee* 142

Test 140

Übersetze:

1. In Reno, Nevada, kann man eine der schönsten[1)] Sammlungen von Oldtimern Amerikas besichtigen.

____

____

2. Mit[2)] 85 ist er einer der Dienstältesten im Parlament.

____

____

3. Dieser 1929er[3)] Bugatti Royale ist einer der wertvollsten Oldtimer.

____

____

● AN opportunity to view hundreds of fine vintage vehicles at one of the country's premier classic car shows. See some of the best preserved examples in the Auto Jumble Concourse D'Elegance Car Club Display. Tatton Park, Knutsford, Cheshire. 10am-6pm. Call [illegible] for information.

? 1) *finest;* 2) *at;* 3) *1929*

Test 141

Setze die richtigen Formen von ***overhear, not hear*** oder ***ignore*** ein:

1. *I was late because I had* ______________ *the alarm clock.*

2. *I said dinner is ready. Do you need a special invitation? – Sorry, I* ______________ *you call.*

3. *I* ______________ *some nasty remarks about my boyfriend, but I* ______________ *them.*

142 *overlook, oversee*

*You **overlooked** a spelling error.* (ϟ **nicht:** *oversaw)*	Du **hast** einen Rechtschreibfehler **übersehen.**
*From our hotel room we **overlook** the whole of the bay.*	Von unserem Hotelzimmer aus **überblicken** wir die ganze Bucht.
*We need an expert to **oversee** the project.*	Wir brauchen einen Fachmann, um das Projekt zu **überwachen.**

to overlook	–	**übersehen** (= nicht bemerken), auch im übertragenen Sinn
to overlook	–	**überblicken**
to oversee	–	**überwachen, beaufsichtigen**

> **SCARBOROUGH**
> Detached Private Hotel. Superb position overlooking Peasholm Park & North Bay. En suite rooms.
> ***BB & ED June £17.50 per person***
> **GIRVAN HOTEL**
> **0724 – 485427**

→ Vgl. *overhear, not hear, ignore* 141

143 *own*

*Europe will soon have **its own** shuttles and space stations.*	Europa wird bald **eigene** Raumfähren und Raumstationen haben.
*I've always wanted **my own** room/a room **of my own**.* (ϟ **nicht:** *an own room)*	Ich habe mir immer **ein eigenes** Zimmer gewünscht.
*Heidi's **own** recipe*	Heidis **eigenes** Rezept

own kann nur **nach Possessivpronomen** oder dem ***s*-Genitiv** verwendet werden und **nicht** wie im Deutschen **nach dem Artikel,** also ***one's own car / a car of one's own*** (= ein eigenes Auto).

Test 142

Setze die richtigen Formen von ***overlook*** oder ***oversee*** ein:

1. *This time I'll* ________________ *your mistake.*

2. *All our rooms* ________________ *the park.*

3. *They hired him to* ________________ *the construction of the building, but they seem to have* ________________ *the fact that he has no experience as an engineer.*

Test 143

Übersetze:

1. Ich glaubte es nicht, bis ich es mit eigenen Augen sah.

____

2. Das Land hat kein eigenes Öl und muss es importieren.

____

3. Jeder meiner Brüder hat einen eigenen Computer.

____

144 *pause, break*

*After a short **pause** he went on talking.*	Nach einer kurzen **Pause** sprach er weiter.
*We're going to take a one-hour **break** now.*	Wir machen jetzt eine **Pause** von einer Stunde.

> ***pause*** [pɔːz] wird meist nur für eine **sehr kurze** (Sprech-, Atem-) **Pause** verwendet.
>
> ***break*** bezeichnet die **Arbeits- oder Ruhepause**, im britischen Englisch auch die **Schulpause.**
>
> In **Amerika** heißt die **Schulpause** meist ***recess*** [rɪˈses].
>
> ***interval*** [ˈɪntəvəl], in **Amerika** ***intermission,*** bezeichnet die **Pause** im **Theater, Konzert** etc.
>
> Die **Pause** beim **Fußball** etc. heißt ***half time.***

145 *people(s)*

*Most **people** want peace.*	Die meisten **Menschen** wollen den Frieden.
***People** talk.*	**Die Leute** reden.
*Do politicians really represent **the people?***	Vertreten die Politiker wirklich **das Volk/ die Wähler?**
*The Japanese are **a** hard-working **people.***	Die Japaner sind **ein** fleißiges **Volk.**
*Winston Churchill's 'History of the English-speaking **Peoples'***	Winston Churchills „Geschichte der Englisch sprechenden **Völker**"

> In den Bedeutungen **Menschen, Leute, Einwohner, das Volk, die Bevölkerung** existiert ***people*** nur im **Plural** (ohne *s* !).
>
> ***a people*** (Plural: ***peoples***) bedeutet **ein Volk, eine Nation.**

Test 144

Setze ***pause*** oder ***break*** ein:

1. *We always have a 15-minute coffee* ____________ *at 3 o'clock.*

2. *The workers are badly in need of a* ____________ .

3. *The President spoke for three hours without a* ____________ .

4. *The morning* ____________ *at school is between the second and third period.*

Test 145

Setze ***people*** oder ***peoples*** ein:

1. *There were about 100,000* ____________ *in the stadium yesterday.*

2. *Wind power was already used by the ancient* ____________ *of Egypt and Mesopotamia.*

3. *How many* ____________ *live in this neighbourhood?*

4. *President Lincoln wanted a government 'of the* ____________, *by the* ____________, *for the* ____________.'

5. *The Chinese are not a single* ____________ , *but rather a nation consisting of many different* ____________ .

BRITAIN. When the government put a new smaller £5 note into circulation last month, most people welcomed it. Unfortunately, many of the self-service ticketing machines at British Rail and London Underground stations did not—meaning that travelers still need the old bills. Although British Rail plans to begin converting its machines shortly, tube riders may have to wait months before ticket

146 *petrol, petroleum*

***Petrol**-driven cars cause a lot of air-pollution.*	Autos mit **Benzin**antrieb tragen stark zur Luftverschmutzung bei.
*OPEC is an abbreviation for 'Organization of **Petroleum**-Exporting Countries'.*	OPEC ist Abkürzung für „Organisation der **Erdöl** exportierenden Länder"
*a **paraffin/kerosene** lamp*	eine **Petroleum**lampe

petrol [ˈpetrəl], in Amerika: ***gas(oline)*** [ˈgæs(əliːn)]	– **Benzin**
gas [gæs]	– **Gas**
petroleum [pəˈtrəʊlɪəm]	– **Erdöl**
paraffin [ˈpærəfɪn], in Amerika: ***kerosene*** [ˈkerəsiːn]	– **Petroleum**

147 *photograph, photographer, photography*

*That's a very good **photograph.*** (↯ **nicht:** *photography*)	Das ist ein sehr gutes **Foto.** (↯ **nicht:** Fotograf)
*She's a successful fashion **photographer.***	Sie ist eine erfolgreiche Mode**fotografin.**
***Photography** is my hobby.*	**Fotografieren** ist mein Hobby.

photo(graph) [ˈfəʊtəgrɑːf]	– **Foto(grafie), Bild**
photographer [fəˈtɒgrəfə]	– **Fotograf(in)**
photography [fəˈtɒgrəfɪ]	– das **Fotografieren, Fotografie** (als Kunst)

148 *phrase*

*This book gives you a lot of useful **phrases** for travelling abroad.*	Dieses Buch enthält viele nützliche **Wendungen/Ausdrücke** für Auslandsreisen. (↯ **nicht:** Phrasen)
*I'm sick and tired of **clichés** like 'Better late than never.'*	**Phrasen** wie 'Besser spät als nie' kann ich nicht mehr hören!

phrase [freɪz]	– **(Rede-)Wendung, Ausdruck, Redensart;** Linguistik: (Nominal- etc.)**Phrase**
cliché [ˈkliːʃeɪ]	– **Phrase**

Test 146

Setze ***petrol, petroleum*** oder ***paraffin*** ein:

1. *There must be a hole in the* __________________ *tank of the car.*

2. *The refining of* __________________ *is a complicated process.*

3. __________________ *and* __________________ *are both* __________________ *products.*

Test 147

Setze ***photograph, photographer*** oder ***photography*** ein:

1. *Are you sure this picture was taken by an amateur* __________________ *?*

2. __________________ *is a comparatively new art form.*

3. *I'm afraid you didn't come out well in this* __________________ *– I've never been a good* __________________ .

Test 148

Setze ***phrase(s)*** oder ***cliché(s)*** ein:

1. *The* __________________ *'for good' means forever.*

2. *To me 'Home sweet home' is no more than a sentimental* __________________ .

3. *The headmaster's speech was full of the usual* __________________ .

4. *We believe that* __________________ *like 'helping people to help themselves' are more than just* __________________ .

149 *physician, physicist*

The bacteriologist and ***physician*** *Robert Koch was awarded the 1905 Nobel Prize for his discovery of the tubercle bacillus.*	Der Bakteriologe und **Arzt** Robert Koch erhielt 1905 den Nobelpreis für seine Entdeckung des Tuberkelbazillus.
The nuclear ***physicist*** *J. Robert Oppenheimer is regarded by many as the father of the atomic bomb.*	Der Atom**physiker** J. Robert Oppenheimer wird von vielen als Vater der Atombombe angesehen.

physician [fɪˈzɪʃn] (bes. im amerikan. Englisch)	–	**Arzt, Ärztin, Mediziner(in)**
physicist [ˈfɪzɪsɪst]	–	**Physiker(in)**

150 *please*

Sit down/Quiet, ***please.*** *Would you* ***please*** *...?* *Another cup of tea? –* ***Yes, please.***	Setzen Sie sich/Ruhe, **bitte!** Würden Sie **bitte** ...? Noch eine Tasse Tee? – **Ja, bitte.**
Thank you. – ***Not at all/You're welcome/That's all right.***	Danke schön. – **Bitte schön/Keine Ursache.**
Here you are.	**Bitte schön.** (Beim Überreichen, Bedienen etc.)
Pardon?	**(Wie) bitte?**
Can I help you/What can I do for you?	**Bitte schön?** (= Was wünschen Sie?)

please wird nur in **Bitten** und **Aufforderungen** verwendet.

Als **Antwort** auf ein **Dankeschön** sagt man höflich ***not at all*** oder ***you're welcome*** oder – weniger förmlich – ***that's all right.***

→ Vgl. *excuse me, sorry* 70

Test 149

Setze ***physician(s)*** oder ***physicist(s)*** ein:

1. *The theory of relativity was formulated by the ______________________ Albert Einstein.*

2. *The AIDS virus was first identified in 1984 by American and French*

   ______________________ .

Test 150

Ergänze den Dialog:

1. *Assistant:* ______________________________ *?*

2. *Customer: Yes,* ______________ *. Would you show me some good quality pipes,* ____________ *?*

3. *Assistant: Certainly, sir. Just a moment,* ________________ *. (He places a selection of pipes on the counter)* ______________________________ *, sir.*

4. *Customer: Could I have a closer look at that Dunhill,* __________________ *?*

5. *Assistant: Certainly, sir. (He hands him the pipe)* ____________________________ .

6. *Customer: Thank you. How much is it,* __________________ *?*

   Assistant: £ 195, sir.

7. *Customer:* __________________ *?*

   Assistant: £ 195. It's one of our finest pipes, sir. Would you like to see something less expensive?

8. *Customer: Yes,* __________________ *. Thank you. (He looks at some of the pipes) Well, I'm afraid I can't make up my mind yet. Thank you for your trouble.*

9. *Assistant:* ________________________ *, sir. Goodbye, sir.*

151 *plump, clumsy*

*a baby with **plump** cheeks*	ein Baby mit **runden** Backen
*a **plump** chicken*	ein **fleischiges** Hähnchen
*a **clumsy** shape/movement*	eine **plumpe** Form/Bewegung
*a **clumsy** attempt*	ein **plumper** Versuch

> ***plump*** bedeutet **wohlgerundet, rund(lich), voll, „mollig", „knackig", „drall", fleischig.**
>
> Dem deutschen **plump** (= schwerfällig, unbeholfen) entspricht meist ***clumsy.***

152 *policy, politics*

***Politics** has/have never interested me.*	**Politik** hat mich nie interessiert.
*Do you know what her **politics** are?*	Kennst du ihre **politische Einstellung?**
*There has been a radical change in Australia's **immigration policy** since the 1960s.*	Seit den sechziger Jahren hat es einen radikalen Wandel in der **Einwanderungspolitik** Australiens gegeben.

policy [ˈpɒləsɪ] (Plural: ***policies***)	–	(bestimmte) **Politik, Kurs, Linie, Prinzip,** auch in der Wirtschaft
politics [ˈpɒlətɪks] (Singular oder Plural)	–	**Politik** (allgemein), **politische Aktivitäten**
politics (nur Singular)	–	**Politik(wissenschaft)**
politics (nur Plural)	–	**politische Einstellung**

Test 151

Setze ***plump*** oder ***clumsy*** ein:

1. *I find it difficult to walk in these* ________________ *boots.*

2. *This Chinese vase is a* ________________ *forgery* [1].

3. *I much prefer* ________________ *women to skinny ones.*

4. *She cuddled* [2] *the baby in her* ________________ *arms.*

? [1] Fälschung; [2] „knuddelte“

Test 152

Setze ***policy, policies*** oder ***politics*** ein:

1. *She was active in student* ________________ *when she was at university.*

2. *The government must adopt new* ________________ *to reduce air pollution.*

3. *Gorbachev's* ________________ *of 'glasnost' (openness) and 'perestroika' (reform) changed the world.*

4. *It has always been this company's* ________________ *to manufacture a wide range of products.*

5. ________________ *is a dirty word to a lot of people.*

153 Possessivpronomen bei Körperteilen und Kleidungsstücken

She shook ***her*** ***head.*** — Sie schüttelte **den Kopf.**

He had ***his*** ***hands*** *in* ***his*** ***pockets.*** — Er hatte **die Hände** in **den Taschen.**

> Bei **Körperteilen** und **Kleidungsstücken** steht – im Gegensatz zum Deutschen – fast immer das dazugehörige **Possessivpronomen.**

! **Beachte:**

to take someone ***by the hand*** — jemanden **an die Hand** nehmen

In einigen festen Wendungen steht der Artikel.

154 *price, prize*

The ***price*** *of petrol has gone up again.* — Der Benzin**preis** ist wieder gestiegen.

She won first ***prize*** *in a beauty contest.* — Sie hat den ersten **Preis** bei einem Schönheitswettbewerb gewonnen.

(not) at any ***price*** — um jeden (keinen) **Preis**

> ***price*** [praɪs] – (Kauf-)**Preis**, auch im übertragenen Sinne
>
> ***prize*** [praɪz] – (Sieges-)**Preis, Gewinn, Auszeichnung**

155 *prospect, prospectus*

There is little ***prospect*** *of success.* — Es besteht wenig **Aussicht** auf Erfolg.

Write for free ***brochure/prospectus*** *today.* — Fordern Sie noch heute unseren kostenlosen **Prospekt** an.

> ***prospect*** [ˈprɒspekt] – **Aussicht, Chance**
>
> ***prospectus*** [prəˈspektəs]/ ***brochure*** [ˈbrəʊʃ(ʊ)ə] – **Prospekt, Broschüre**

Test 153

Übersetze:

1. Sie schloss die Augen und schlief ein.

____

2. Zieht bitte die Schuhe aus!

____

3. Ich bin den ganzen Tag auf den Beinen[1] gewesen.

____

4. Vergesst nicht, euch die Hände zu waschen und die Zähne zu putzen!

____

? [1] *feet*

Test 154

Setze ***price*** oder ***prize/Prize*** ein:

1. *What* ____________ *did you pay for the car?*
2. *Martin Luther King won the Nobel Peace* ____________ *in 1964.*
3. *The North Sea must be saved at any* ____________ .
4. *First* ____________ *is a holiday for two in San Francisco.*
5. *People say that every politician has his* ____________.

*THE HOUSE you always dreamed of – that's the £50,000 prize The Sun is offering in this new easy-to-enter contest.

Test 155

Setze ***prospect(s)*** oder ***prospectus(es)*** ein:

1. *I received* ______________________ *from several language schools.*
2. *I don't like the* ______________________ *of going there alone.*
3. *Read our* __________________ *carefully and apply for a job with excellent* ________________ .

156 *public school*

Eton, Harrow and King's School, Canterbury, are famous ***public schools.***	Eton, Harrow und King's School in Canterbury sind berühmte **Privatschulen.** (⚡ **nicht:** öffentliche Schulen)
Over 90 per cent of all children in England attend ***state schools.***	Über 90 Prozent aller Kinder in England besuchen **öffentliche Schulen.**

public school	–	**Privatschule, Internat** (in England) **öffentliche Schule** (in Amerika)
state school	–	**öffentliche Schule** (in England)

→ Vgl. *high school* 96

157 *puzzle*

My mother-in-law does all the ***puzzles*** *she can get hold of.*	Meine Schwiegermutter löst alle **Rätsel,** die sie in die Finger kriegt.
The children were putting together a giant ***jigsaw (puzzle).***	Die Kinder setzten gerade ein riesiges **Puzzle** zusammen.

puzzle [ˈpʌzl]	–	**Rätsel** (auch im übertragenen Sinne), **Geduldspiel**
jigsaw [ˈdʒɪgsɔː] ***(puzzle)***	–	**Puzzle,** auch „Puzzlespiel“ im übertragenen Sinne

Test 156

Übersetze:

1. Privatschulen in England sind ziemlich teuer, während öffentliche Schulen kostenlos[1)] sind.

____

____

2. Fast alle Highschools in Amerika sind öffentliche Schulen.

____

? [1)] *free*

Test 157

Setze ***puzzle(s)*** oder ***jigsaw (puzzle)*** ein:

1. *I gave the children a book of* ________________ .

2. *Have you done the crossword* ________________ *in today's paper yet?*

3. *The police were trying to piece together the various bits of information like a* ________________ .

4. *His motives are still a* ____________ *to me.*

PICTURE PUZZLE

A = Across

D = Down

158 *raise, rise*

*They've **raised** the prices again.*	Die Preise sind schon wieder **erhöht/angehoben** worden.
*The prices **are rising** again.*	Die Preise **steigen** schon wieder.
*The sun **rises** in the east.*	Die Sonne **geht** im Osten **auf.**

! **Beachte:**

*to **raise** a question* – eine Frage aufwerfen

*to **raise*** [reɪz] (= **[an]heben, auf-, hochheben etc.**) ist ein **transitives Verb** und wird immer **mit einem direkten Objekt** gebraucht.

*to **rise*** [raɪz] (= **sich erheben, [auf-, hoch]steigen** etc.) ist **intransitiv** und steht **ohne direktes Objekt.**

159 *recipe, receipt, prescription*

*This cake is delicious. Can I have the **recipe?***	Dieser Kuchen ist köstlich. Kann ich das **Rezept** haben?
*Thank you. Here is your **receipt.***	Danke schön. Hier ist Ihre **Quittung.**
*You get these pills on **prescription** only.*	Diese Tabletten bekommt man nur auf **Rezept.**

recipe [ˈresəpɪ]	–	**(Koch-, Back-) Rezept, (Patent-) Rezept**
receipt [rɪˈsiːt]	–	**Quittung**
prescription [prɪˈskrɪpʃn]	–	(ärztliches) **Rezept, Verschreibung**

Test 158

Setze die richtigen Formen von ***raise*** oder ***rise*** ein:

1. *In Germany schoolchildren put up their fingers, in England they* ________________ *their hands.*

2. *The teacher* ________________ *his voice in anger.*

3. *She eventually* ________________ *to a top position in her firm.*

4. *If bank interest* [1] *rates continue to* ________________ *, they will* ________________ *the rents* [2] *again.*

? 1) Zins; 2) Vgl. *rent, pension* 161

Test 159

Setze ***recipe, receipt*** oder ***prescription*** ein:

1. *My doctor gave me a* ________________ *for penicillin.*

2. *Get a* ________________ *for everything you buy.*

3. *There is no* ________________ *for a happy marriage.*

4. *I got this* ________________ *for pizza sauce from an Italian chef* [1].

? 1) Vgl. *boss, chef, chief* 36

160 *remember, remind*

*I **remember** being in the same class with her, but I can't **remember** her name.*	Ich **erinnere mich daran**, dass wir in derselben Klasse waren, aber ich kann **mich an** ihren Namen nicht **erinnern**.
*Please **remember** to water the plants.*	Bitte **denk daran**, die Pflanzen zu gießen.
*Please **remind me** to phone him.*	Bitte **erinnere mich daran**, ihn anzurufen.

to remember	–	**sich erinnern an, denken an; daran denken** (= nicht vergessen), etwas zu tun
to remind someone (of)	–	**jemanden erinnern (an)**

→ Vgl. -*ing*-Form nach bestimmten Verben und Ausdrücken 107

161 *rent, pension*

*The **rents** are incredibly high.*	Die **Mieten** sind unglaublich hoch. (ϟ **nicht:** Renten)
*It's time to raise old age **pensions.***	Es ist an der Zeit, die Alters**renten** zu erhöhen.

rent	–	**Miete, mieten**
pension [ˈpenʃn]	–	**Rente, Pension**
to retire [rɪˈtaɪə]	–	**in Rente** oder **Pension gehen**

162 *river, stream*

*The Rhine is Germany's most legendary **river.***	Der Rhein ist Deutschlands sagenumwobenster **Strom.**
*In spring this **stream** abounds with trout.*	Im Frühling wimmelt dieser **Bach** von Forellen.
*the **Gulf Stream*** *a **stream** of blood/tears* ***streams** of visitors/immigrants* *to swim **with/against the stream***	der **Golfstrom** ein **Strom** von Blut/Tränen **Ströme** von Besuchern/Einwanderern **mit dem/gegen den Strom** schwimmen

river	–	**Fluss, Strom** (= mächtiger Fluss)
stream	–	**Bach, Flüsschen; Strom** (einer Flüssigkeit und im übertragenen Sinne); **Strömung; große Menge**

Test 160

Setze die richtigen Formen von ***remember*** und ***remind*** ein:

1. *Will you* ____________________ *to lock the back door?*

2. *Will you* ____________________ *me to lock the back door?*

3. *Do you* ____________________ *staying at that small seaside resort in Kent? This place* ____________________ *me of it.*

4. *You don't have to* ____________________ *me of her birthday. I'll always* ____________________ *it.*

Test 161

Setze ***rent*** oder ***pension*** ein:

1. *The landlord said the* ____________________ *was due* [1].

2. *They live quite comfortably on a state* ____________________ .

3. *I can't afford to pay the* ____________________ *on such a miserable* ____________________ .

> **TO** let, Cliftonville, large furnished double room, cooker, fridge, TV, hot and cold, free electricity, shower room, two weeks rent in advance. – Telephone Thanet 8981

? [1] fällig

Test 162

Setze ***river(s)*** oder ***stream(s)*** ein:

1. *The Amazon is the largest* ____________________ *in the world.*

2. *The boat was slowly moving along with the* ____________________ .

3. *There was a steady* ____________________ *of traffic on the motorway.*

4. ____________________ *of spectators were coming out of the stadium* [1].

5. *The Danube* [2], *one of Europe's mightiest* ____________________ , *is only a small* ____________________ *at its source in the Black Forest.*

? [1] Vgl. *stadium, stage* 178 [2] Donau

163 *road, street*

The old ***road*** *along the coast is dangerous.*	Die alte **Straße** entlang der Küste ist gefährlich.
We strolled through the ***streets*** *of San Francisco.*	Wir bummelten durch die **Straßen** von San Francisco.

street bezeichnet immer eine **Straße in einem Ort,** die hauptsächlich **Wohn- und Geschäftszwecken** dient.

road bezeichnet eine **Verbindungsstraße** zwischen **verschiedenen Orten** oder **Ortsteilen.**

Durch die Ausuferung der Städte sind inzwischen viele ehemalige ***roads*** zu ***streets*** geworden, haben aber in ihrem **Namen** die Bezeichnung ***Road*** behalten, wie z. B. die ***King's Road*** in London, die heute eine fast reine Einkaufsstraße ist.

164 *sauce, gravy, dressing*

I love spaghetti with ***tomato sauce*** *and vanilla ice cream with* ***chocolate sauce.***	Ich liebe Spagetti mit **Tomatensoße** und Vanilleeis mit **Schokoladensoße.**
What kind of ***dressing*** *would you like on your salad?* (ϟ **nicht:** *sauce*)	Was für eine **Soße** möchten Sie an Ihren Salat?
Would you like some more ***gravy*** *with your potatoes?* (ϟ **nicht:** *sauce*)	Möchtest du noch etwas **Soße** zu den Kartoffeln?

sauce [sɔːs]	–	**Soße** (fertig oder frisch zubereitet, die zu bestimmten Gerichten serviert wird)
(salad) dressing	–	**Salatsoße**
gravy [ˈgreɪvɪ]	–	**Bratensoße, Bratensaft**

Test 163

Setze ***road(s)*** oder ***street(s)*** ein:

1. *We left the main* ______________ *and stopped at a small village.*

2. *They live in a busy* ______________ *in the town centre.*

3. *Portobello Road is one of London's best-known* ______________ *markets.*

4. *The old Highway 1 along the Pacific coast is one of America's most famous* ______________ .

5. *During the rush hour the* ______________ *of London are crowded, and there are traffic jams on all the main* ______________ *leading into and out of the city.*

> Resident of Manston Court Road Mr. Horace Studham was working in the garden when he looked up and saw the road running with water.

Test 164

Setze ***sauce, dressing*** oder ***gravy*** ein:

1. *I'll prepare the* ______________ *while you wash the lettuce*[1].

2. *I like turkey with lots of* ______________ .

3. *The shrimps were served in a delicious* ______________ .

? [1] Kopfsalat

> **★ Bar-B-Que Shrimp**
> Simmered in mushrooms, bell peppers, onions
> with our own secret sauce – not for the timid.
> Served with salad,
> stuffed or baked potato and jambalaya.
> 12.95

165 *sea, lake*

In England no town is more than two hours by car from ***the sea.***

In England liegt keine Stadt weiter als zwei Autostunden vom **Meer** entfernt.

We have a cottage on ***a lake*** *in the Black Forest.*

Wir haben ein Häuschen an **einem See** im Schwarzwald.

the North ***Sea***
the Dead ***Sea***

die Nord**see**
das Tote **Meer**

Lake *Constance/****Lake*** *Michigan*

der Boden**see**/**der** Michigan**see**

sea*food*

Meeresfrüchte, Fisch

sea	–	**das Meer, die See**
lake	–	**der See**

→ Vgl. Artikel bei Namen von Gewässern 16

166 *self-conscious, self-confident*

I always feel ***self-conscious*** *when I have to address a large audience.*

Ich fühle mich jedes Mal **unsicher,** wenn ich zu vielen Menschen sprechen muss.

I must learn to be more ***self-confident.***

Ich muss lernen, **selbstsicherer** zu sein.

self-conscious [ˌselfˈkɒnʃəs]	–	**unsicher, befangen**
self-confident [ˌselfˈkɒnfɪdənt]	–	**(selbst)sicher, selbstbewusst**

167 *sensible, sensitive*

That was a ***sensible*** *decision.*

Das war eine **vernünftige** Entscheidung. (ϟ **nicht:** sensible)

Don't be rude to her – she's a very ***sensitive*** *child. (*ϟ **nicht:** *sensible)*

Sei nicht grob zu ihr – sie ist ein sehr **sensibles** Kind.

sensible [ˈsensəbl]	–	**vernünftig**
sensitive [ˈsensətɪv]	–	**sensibel, empfindlich**

Test 165

Setze ***sea, Sea, lake(s)*** oder ***Lake(s)*** ein:

1. *There are many beautiful* ________________ *in the north of England.*

2. *In the Caribbean there are many sunken ships at the bottom of the* ________________ .

3. *The Great* ________________ *separate Canada from the USA.*

4. *The Red* ________________ *separates Africa from Arabia.*

5. ________________ *Victoria is the largest* ________________ *in Africa.*

Test 166

Setze ***self-conscious*** oder ***self-confident*** ein:

1. *Bonnie is a strong,* ________________________ *businesswoman.*

2. *She could never be an actress – she's far too* ________________________ .

3. *He used to be such a shy,* ________________________ *boy.*

   Now he's ________________________ *to the point of arrogance.*

Test 167

Setze ***sensible*** oder ***sensitive*** ein:

1. *Don't say anything about her figure – she's very* ________________ *about it.*

2. *It was very* ________________ *of you to bring your sleeping bag.*

3. *Teachers working with handicapped children should be very* ________________ .

4. *The actor gave a* ________________ *performance of Hamlet.*

5. *The human eye is a highly* ________________ *organ.*

168 *serious*

*a **serious** face/illness*	ein **ernstes** Gesicht / eine **ernste** Krankheit
*a **respectable*** [rɪˈspektəbl] *businessman*	ein **seriöser** Geschäftsmann
*a **reputable*** [ˈrepjʊtəbl]***/reliable*** [rɪˈlaɪəbl] *firm*	eine **seriöse** Firma
*a **quality/serious** paper*	eine **seriöse** Zeitung

serious bedeutet **ernst, ernsthaft,** in diesem Sinne manchmal auch **seriös.**

Das deutsche **seriös** muss je nach Kontext wiedergegeben werden, oft durch ***respectable*** [rɪˈspektəbl] (= angesehen, solide), ***reputable*** [ˈrepjʊtəbl] (= achtbar) oder ***reliable*** [rɪˈlaɪəbl] (= zuverlässig)

169 *shade, shadow*

*Let's get into the **shade.***	Gehen wir in den **Schatten!**
*It's 36 degrees **in the shade** today.*	Wir haben heute 36 Grad **im Schatten.**
*The **shadows** are getting longer already.*	Die **Schatten** werden schon länger.
*He's afraid of his own **shadow.***	Er fürchtet sich vor seinem eigenen **Schatten.**

shade (nur Singular)	–	**Schatten** (= Bereich, der nicht direkt von der Sonne getroffen wird)
shadow	–	**Schatten** (der von etwas oder jemandem geworfen wird)

170 *shall, will*

*What **shall** we do?*	Was **sollen** wir tun?
***Shall** we go for a drink?*	**Wollen** wir etwas trinken gehen?
*What time **will** we arrive?*	Wann **werden** wir ankommen?
*We **shall** not rest until those guilty of the crime have been brought to justice.*	Wir **werden** nicht ruhen, bis diejenigen, die die Schuld an dem Verbrechen tragen, zur Verantwortung gezogen sind.

shall wird meist in **Fragen** mit ***I*** und ***we*** gebraucht und bedeutet **sollen**, vor ***we*** auch **wollen.**

Die Zukunft wird in allen Personen durch ***will*** ausgedrückt, mit ***I*** und ***we*** manchmal auch durch ***shall,*** besonders in **förmlichem Stil,** z. B. wenn ein feierliches Versprechen gegeben wird.

→ Vgl. *will, won't* 190; *would, wouldn't* 196

Test 168

Setze ***serious, respectable*** oder ***reliable*** ein:

1. *They are looking for a* ______________________ *business partner in Europe.*
2. *The firm is in* ______________________ *difficulties.*
3. *He looks like a very* ______________________ *gentleman.*

Test 169

Setze ***shade*** oder ***shadow*** ein:

1. *A lunar eclipse* [1] *is caused by the* ________________ *of the earth.*
2. *It's nice and cool in the* ________________ .
3. *Suddenly I saw the* ________________ *of a man.*
4. *The doctor advised us to stay in the* ________________ *as much as we could.*

? [1] Mondfinsternis

Test 170

Setze ***shall*** oder ***will*** ein:

1. *What* ____________ *we do with the drunken sailor?*
2. *My boss* ____________ *be away next week.*
3. *Let's go,* ____________ *we?*
4. *We* ____________ *have to get up early tomorrow.*

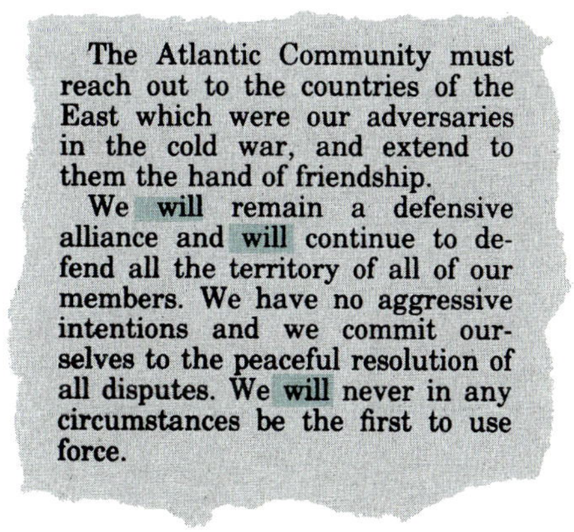
The Atlantic Community must reach out to the countries of the East which were our adversaries in the cold war, and extend to them the hand of friendship.
We will remain a defensive alliance and will continue to defend all the territory of all of our members. We have no aggressive intentions and we commit ourselves to the peaceful resolution of all disputes. We will never in any circumstances be the first to use force.

171 *shellfish, haddock*

This restaurant specializes in lobster, crabs, prawns and other ***shellfish.***	Dieses Restaurant ist auf Hummer, Krebse, Krabben und andere **Krustentiere** spezialisiert.
Haddock *are caught in the North Atlantic.*	**Schellfisch** wird im Nordatlantik gefangen.

shellfish	–	**Krusten- und Schalentiere,** d. h. Krebse, Krabben, Muscheln etc.
haddock	–	**Schellfisch**

172 *short, small* bei Personen

He's ***short*** *and fat.*	Er ist **klein** und dick.
Jockeys are usually ***small*** *men.* *Our daughter is* ***small*** *for her age.*	Jockeys sind meistens **kleine, leichte** Männer. Unsere Tochter ist **klein** für ihr Alter.
a story for ***small*** *children*	eine Geschichte für **kleine** Kinder

short (Gegenteil: *tall*) bezieht sich nur auf die **Körperlänge.**

small (Gegenteil: *big*) bedeutet **klein** und **leicht,** auch **zierlich** oder **schmächtig** und im übertragenen Sinne **jung.**

→ Vgl. *big, tall* 31; *small, narrow* 176; *thick, fat* 183

173 *shortly, recently*

The new supermarket will be opened ***shortly.***	Der neue Supermarkt wird **in Kürze** eröffnet.
I met him ***shortly*** *after six.*	Ich traf ihn **kurz** nach sechs. (ϟ **nicht:** kürzlich)
It happened only ***recently/not long ago.***	Es ist erst **kürzlich** passiert.

shortly	–	**in Kürze** (= bald); **kurz** (vor oder nach etwas)
recently [ˈriːsntlɪ]***/not long ago***	–	**kürzlich, vor kurzem**

Test 171

Setze ***shellfish*** oder ***haddock*** ein:

1. *Would you like a shrimp cocktail? – No, thank you, I never eat* ____________________ .

2. *I'd like a piece of smoked* ____________________ *, please.*

Test 172

Setze ***short*** oder ***small*** ein:

1. *They have two* ______________ *children.*

2. *He's* ______________ *, only five feet tall.*

3. *David is strong, but too* ______________ *to play basketball.*

4. *Marathon runners have a lot of energy in their* ______________ *bodies.*

Test 173

Setze ***shortly*** oder ***recently*** ein:

1. *She lived in Los Angeles until* ________________ .

2. *The manager will be back* ________________ .

3. *He had an operation* ________________ *but returned to work* ________________ *afterwards.*

174 *sleep in, sleep out*

I'm going to ***sleep in*** *on Sunday.*

Sonntag werde ich **(mich) ausschlafen/länger schlafen**. (↯ **nicht:** einschlafen)

The kids love ***sleeping out*** *in the summer.*

Die Kinder **schlafen** im Sommer sehr gern **draußen/im Freien**. (↯ **nicht:** aus)

to sleep in	–	**(sich) ausschlafen, länger** als gewohnt **schlafen**
to sleep out	–	**draußen/im Freien schlafen; nicht zu Hause schlafen/die Nacht woanders verbringen**

→ Vgl. *go to bed, go to sleep* 86

175 *slip*

The fabric of this dress is so thin that you can't wear it without a ***slip.***

Der Stoff dieses Kleides ist so dünn, dass man es nicht ohne **Unterkleid** tragen kann. (↯ **nicht:** Slip)

a slip	–	ein **Unterrock / Unterkleid**
(a pair of) ***briefs/underpants*** in Amerika auch: ***(a pair of) (under)shorts***	–	ein **(Herren-)Slip**
(a pair of) panties/briefs	–	ein **(Damen-)Slip**

176 *small, narrow*

a ***small*** *room/window*

ein **kleines** Zimmer/Fenster (↯ **nicht:** schmales)

an old town with ***narrow*** *lanes*

eine alte Stadt mit **schmalen** Gassen

small	–	**klein**
narrow	–	**schmal**

→ Vgl. *short, small* 172

Test 174

Setze ***sleep in*** oder ***out*** ein:

1. *Don't wake me up in the morning, I'd like to* ____________________ .

2. *Do you have to* ____________________ *again? Can't you stay at home for once?*

3. *Don't you think it's much too cold to* ____________________ *?*

Test 175

Übersetze:

1. Sie finden Unterröcke in der Damenwäsche [1]-Abteilung.

____

____

2. Er trägt nur Baumwollslips.

____

? [1] *lingerie*

Test 176

Setze ***small*** oder ***narrow*** ein:

1. *This sweater is too* ____________________ *for me.*

2. *The gate is too* ____________________ *for a truck to get through.*

3. *He's a* ____________________ *man with* ____________________ *shoulders.*

177 *spend, give, donate*

We're spending *too much (money) on advertising.*	Wir **geben** zu viel (Geld) für Werbung **aus.**
I regularly ***give/donate*** *(money) to charity.*	Ich **spende** regelmäßig (Geld) für wohltätige Zwecke.
to ***spend*** *time/one's holiday*	Zeit / den Urlaub **verbringen**
to ***give*** *blood*	Blut **spenden**
to ***donate*** *an organ*	ein Organ **spenden**

to spend	–	**ausgeben; verbringen**
to give/to donate [dəʊˈneɪt]	–	**spenden**

178 *stadium, stage*

in a new ***stadium***	in einem neuen **Stadion** (ϟ **nicht:** Stadium)
at an ***early stage***	in einem frühen **Stadium**

stadium [ˈsteɪdɪəm]	–	**Stadion**
stage	–	**Stadium, Stufe, Phase**

179 *strong, strict*

My grandfather was a very ***strong*** *man.*	Mein Großvater war ein sehr **starker** Mann. (ϟ **nicht:** strenger)
They are very ***strict*** *with their children.*	Sie sind sehr **streng** zu ihren Kindern.

strong	–	**stark**
strict	–	**streng**

Test 177

Setze die richtigen Formen von ***spend*** und ***give/donate*** ein:

1. *An unknown businessman* ______________ *£ 10,000 to cancer research* [1].

2. *He* ______________ *a lot of time – and money – in the betting shops.*

3. *I won't* ______________ *any money to an organization which* ______________ *most of it on useless projects.*

? [1] Krebsforschung

Test 178

Setze ***stadium*** oder ***stage*** ein:

1. *The development of electric cars is still at the experimental* ______________ .

2. *Nobody would ever get me into an English soccer* ______________ *!*

3. *The next major* ______________ *in rebuilding the old* ______________ *will be the improvement of safety features.*

> **The New York Mets took some of the steam out of the Montreal Expos' surge by sweeping a doubleheader from Montreal yesterday at Shea Stadium.**

Test 179

Setze ***strong*** oder ***strict*** ein:

1. *There should be* ______________ *laws on guns in America.*

2. *She's a* ______________ *vegetarian.*

3. *He still has a* ______________ *German accent.*

4. *He's not a* ______________ *teacher, but he has a* ______________ *personality.*

180 *take it easy, never mind*

*The doctor told me to **take it easy** for a while.*	Der Arzt riet mir, **mich** eine Zeitlang **zu schonen.**
Take it easy!	**Immer mit der Ruhe/**Keine Aufregung/ Langsam! (ϟ **nicht:** Nimm's leicht)
Never mind/Don't worry about it!	**Nimm's leicht/Mach dir nichts daraus!**

Take it easy! wird von den meisten Deutschen falsch verwendet.
to take it easy bedeutet **sich schonen, Hektik/Stress vermeiden, ausspannen, etwas langsam tun, nicht hetzen oder eilen.**

Etwas leicht nehmen wird meist durch ***not worry about something*** ausgedrückt, **Nimm's leicht!** durch ***Never mind!***

181 *take place, take a seat*

*The wedding will **take place** on December 12.*	Die Hochzeit wird am 12. Dezember **stattfinden.**
*Please come in and **have/take a seat.*** (ϟ **nicht:** *take place)*	Bitte kommen Sie herein und **nehmen Sie Platz.**
*Please **take your seats**, ladies and gentlemen.*	Bitte **nehmen Sie Ihre Plätze ein**, meine Damen und Herren.

to take place	–	**stattfinden**
to have/take a seat	–	**Platz nehmen**
to take one's seat	–	**seinen Platz einnehmen**

Test 180

Übersetze:

1. Am Sonntag möchte ich einfach etwas [1] ausspannen.

____

2. Nimm's leicht! Deine nächste Fahrprüfung [2] wirst du bestehen [3].

____

3. Sie war krank und sollte sich eine Weile schonen.

____

? [1] *a bit;* [2] *driving test;* [3] *pass*

Test 181

Setze die richtigen Formen von ***take place, have/take a seat*** und ***take one's seat*** ein:

1. *I'd like to talk to you for a moment. Please* ______________________ .

2. *The peace talks will* ______________________ *in Geneva.*

3. *Dinner will be served in a few minutes. Please* ______________________ .

4. *The first session of the new Cabinet* ______________________ *yesterday. The new President* ______________________ *first.*

182 *technique, technology*

*They are working on a new **technique** for preserving food.*	Sie arbeiten an einer neuen **Technik,** Lebensmittel haltbar zu machen.
*advances in science and **technology***	Fortschritte in Wissenschaft und **Technik**
*the transfer of **technology***	**Technologie**transfer

technique [tekˈniːk]	–	(Einzel-)**Technik, Verfahren, Methode; Technik** (in der Kunst, im Sport etc.)
technology [tekˈnɒlədʒɪ]	–	**Technik** (= angewandte Wissenschaft), **Technologie**

183 *thick, fat*

*a **thick** wall/slice of bread*	eine **dicke** Wand/Scheibe Brot
*I'm getting too **fat!** (ϟ **nicht:** thick)*	Ich werde zu **dick!**

! **Beachte:**

Das Gegenteil von sowohl ***thick*** als auch ***fat*** ist ***thin*** (= dünn).

thick	–	**dick** (nach Umfang oder Durchmesser)
fat	–	**dick, fett** (Aussehen, Gewicht)

→ Vgl. *big, tall* 31; *short, small* 172

Test 182

Setze ***technique(s)*** oder ***technology*** ein:

1. *We have become aware of the dangers of modern* ________________.
2. *She has a lot of talent, but has to perfect her* ________________.
3. *The firm uses the latest computer* ________________ *and most advanced manufacturing* ________________.

> • Solar technology is so advanced that even in climates having almost constant cloud cover it can still turn cool water into steam. In fact, every day the earth receives enough solar energy to heat every home in the world for an entire year.

Test 183

Setze ***thick*** oder ***fat*** ein:

1. *She's very* ________________ *– she weighs over 200 pounds.*
2. *The ice was three inches* ________________.
3. *Don't spread the butter so* ________________ *– it makes you* ________________ *!*

> ■ I don't mind that I'm fat. You still get the same money .— **Marlon Brando.**

184 *to, into*

They ***go to church*** *every Sunday.*	Sie **gehen** jeden Sonntag **in die** Kirche.
We ***went into the church*** *to see its famous altar.*	Wir **gingen in die Kirche**, um ihren berühmten Altar zu besichtigen.
to go ***to*** *bed/****to a*** *pub/****to the*** *theatre*	**ins** Bett/**in eine** Kneipe/**ins** Theater gehen
to turn ***into a*** *street*	**in eine** Straße einbiegen
to get ***into the*** *car*	**ins** Auto steigen

into bedeutet **in** etwas **hinein.**
In Verbindung mit ***go*** wird meist ***to*** verwendet, außer wenn betont wird, dass jemand in ein Gebäude etc. **hineingeht** (= es betritt).

Umgangssprachlich wird statt ***into*** oft ***in*** verwendet, besonders in Verbindung mit einem Behälter, Gefäß etc.

Vorsicht:

put it ***into/in*** *your pocket* aber: *fly* ***into*** *space,*
see ***into*** *the future*

185 *until (till), to, as far as*

They stayed ***until/till*** *three a.m.*	Sie blieben **bis** drei Uhr früh.
It's about 400 miles from Los Angeles ***to*** *San Francisco.*	Von Los Angeles **bis** San Francisco sind es ungefähr 400 Meilen.
We drove ***as far as*** *the Arctic Circle.*	Wir fuhren **bis** zum Polarkreis.
from eight ***to/until*** *six*	von acht **bis** sechs
from beginning ***to*** *end*	von Anfang **bis** Ende

until/till kann nur **zeitlich** gebraucht werden.

Sonst entspricht dem deutschen **bis** meist ***to*** oder, besonders wenn der **Zielpunkt** betont wird, ***as far as.***

→ Vgl. *by, until* 42

Test 184

Setze ***to*** oder ***into*** ein:

1. *Shall we eat at home or go* __________ *a restaurant?*
2. *I'm not going* __________ *school this morning.*
3. *It's getting cold. Let's go* __________ *the house!*
4. *The dog jumped* __________ *the water.*
5. *We're going* __________ *a concert tomorrow.*
6. *Will all your clothes go* __________ *one suitcase?*
7. *They were sent* __________ *prison for breaking*

   __________ *the house.*
8. *We drove* __________ *town to go* __________ *the cinema.*

Test 185

Setze ***until/till, to*** oder ***as far as*** ein:

1. *Can you count* __________ *100 in French?*
2. *The pubs are open* __________ *11 p.m.*
3. *I'm afraid we won't make it* __________ *the next filling station.*
4. *We decided to cross the canyon from one end* __________ *the other,*

   walked __________ *it got dark and managed to get* __________ *the south rim* [1].

? [1] Südrand

186 *use, used to*

① *The first working steam-engine* ***was used*** [ju:zd] ***to pump*** *water out of a coalmine.*

Die erste funktionierende Dampfmaschine **wurde** dazu **benutzt**, Wasser aus einem Kohlenbergwerk **zu pumpen**.

② *My father* ***used*** [ju:st] ***to smoke*** *a pipe, but he doesn't any more.*

Früher rauchte mein Vater Pfeife, aber heute nicht mehr.

③ *When I worked as a fireman,* ***I was used*** [ju:st] ***to sleeping*** *with my clothes on.*

Als ich noch Feuerwehrmann war, **war** ich **es gewohnt**, in den Kleidern **zu schlafen**.

! **Beachte:**

to be used to *(doing) something* – etwas (zu tun) **gewohnt sein**

to get used *to someone/something* – **sich** an jemanden/etwas **gewöhnen**

to get used *to (doing) something* – **sich** an etwas (zu tun) **gewöhnen**

Zu ①: Das **Vollverb** ***to use*** (benutzen, gebrauchen, verwenden) kann in alle Zeitstufen gesetzt werden.

②: ***used to*** + **Infinitiv** existiert nur in der **Vergangenheit** und drückt **Gewohnheiten und Zustände** aus, die **früher** bestanden, heute aber meist nicht mehr.

③: Folgt **nach** ***to be*** oder ***to get used to*** ein **Verb,** so muss es immer in der ***-ing*****-Form** stehen, da ***to*** eine **Präposition** ist.

→ Vgl. *-ing*-Form nach bestimmten Verben und Ausdrücken 107

Test 186

Setze die richtigen Formen von ***use, used to, be*** oder ***get used to*** ein und bringe die Verben in Klammern in die richtige Form:

1. *My grandfather* ____________________ *(go) for a swim in the river every morning, even in winter. His body* ____________________ *it.*

2. *The French* ____________________ *not* ____________________ *(eat) a big breakfast. Most of them just have coffee and croissants.*

3. *At first I couldn't stand the climate, but then I* ____________________ *it.*

4. *I* ____________________ *my pocket knife* ____________________ *(open) the tin and cut my finger.*

Übersetze:

5. Früher übermittelten[1] Telephongesellschaften interkontinentale Gespräche über[2] Kabel. Heute werden hauptsächlich Nachrichtensatelliten[3] benutzt.

____

____

____

6. Früher habe ich Fisch gehasst. Aber ich habe mich daran gewöhnt.

____

7. In meiner neuen Stelle muss ich mehr reisen als früher. Aber ich bin es immer noch nicht gewohnt, aus dem[4] Koffer zu leben.

____

____

____

? [1] hier: *to transmit;* [2] *via;* [3] *communications satellites;* [4] *out of a*

187 *wander, hike*

*In every big city you can see the homeless **wandering** (through) the streets.*

In jeder Großstadt sieht man Obdachlose in den Straßen **umherwandern.**

*Shall we go **hiking** in the Rocky Mountains this summer?*

Wollen wir diesen Sommer in den Rocky Mountains **wandern** gehen?

to wander [ˈwɒndə]	–	(ziellos umher-)**wandern, ziehen, streifen, irren**
to (go on a) hike	–	**wandern, eine Wanderung machen**

188 *want, would like, wish* mit Objekt und Infinitiv

I want/would like her to come *to my party.* (⚡ **nicht:** *that she comes)*

Ich **möchte, dass sie** zu meiner Party **kommt.**

Do you want me to leave?

Willst du, dass ich gehe?

Wird mit Hilfe von ***want, would like*** oder (förmlicher) ***wish*** eine Bitte oder ein Wunsch ausgedrückt, wird die folgende Konstruktion verwendet:
Verb + Objekt + *to* + Infinitiv

→ Vgl. *I wish* ... 191

189 *warehouse, department store*

*The police found the stolen goods in an old **warehouse.***

Die Polizei fand das Diebesgut in einem alten **Lagerhaus.** (⚡ **nicht:** Warenhaus)

*Harrods is London's most famous **department store.***

Harrods ist das berühmteste **Kaufhaus** Londons.

warehouse [ˈweəhaʊs]	–	**Lagerhaus, Lagerhalle**
department store	–	**Kaufhaus, Warenhaus**

Test 187

Setze die richtige Form von ***wander*** oder ***hike*** ein:

1. *We* ______________________ *round the town till we got tired.*

2. *They have been* ______________________ *round Germany for a month, staying at youth hostels.*

3. *Hungry little children were* ______________________ *the streets, looking for something to eat.*

Test 188

Übersetze:

1. Sie möchte, dass du sie anrufst.

____

2. Ich will nicht, dass Alan enttäuscht ist.

____

3. Wünschen Sie, dass ich nun das Abendessen serviere?

____

4. Sie möchten gern, dass das Klavier am Samstag geliefert wird.

____

Test 189

Setze ***warehouses*** oder ***department stores*** ein:

1. *When I have little time I like to do my shopping in* ______________________ .

2. *They are tearing down most of the* ______________________ *in the old harbour.*

190 *will, won't*

① *He **will** explain it to you*	Er **wird** es dir erklären. (ϟ **nicht:** will)
*I **will not/won't** [wəʊnt] do it.*	Ich **werde** es **nicht** tun. (ϟ **nicht:** will nicht)
② ***Will** you come with me, please?*	**Würden** Sie bitte mitkommen?
③ *Water **will boil** at 100° C.*	Wasser **kocht** bei 100° C.
*He **will take** any job.*	Er **nimmt** jede Arbeit **an.**
*Boys **will be** boys.*	So **sind** Jungen eben.
*She isn't a vegetarian, but she **won't** [wəʊnt] **eat** pork.*	Sie ist keine Vegetarierin, aber sie **isst (grundsätzlich) kein** Schweinefleisch.

Zu ① Das **Hilfsverb *will*** wird hauptsächlich dazu gebraucht, die **Zukunftsform** (das *will*-Future) zu bilden.

② ***will*** kann auch statt ***would*** oder ***could*** in höflichen **Fragen** oder **Bitten** verwendet werden.

③ ***will/won't*** drückt auch **Gesetzmäßigkeiten,** stets **wiederkehrende Handlungen** oder **Zustände** und grundsätzliche **Bereitschaft oder Ablehnung** aus und bleibt dabei meist unübersetzt.

ϟ **Vorsicht:**

*She **wants** to visit us. (ϟ **nicht:** will)*	Sie **will** uns besuchen.
*I **don't want** to bother him.*	Ich **will** ihn **nicht** stören.

Dem deutschen **wollen** entspricht ***to want (to).***

→ Vgl. *shall, will* 170; *would, wouldn't* 196

191 *I wish ...*

***I wish I were** rich. (ϟ **nicht:** would be)*	**Ich wünschte, ich wäre** reich.
***I wish I had** never met him!*	**Ich wünschte, ich hätte** ihn nie kennen gelernt!
***I wish you could/would** come.*	**Ich wünschte, du könntest/würdest** kommen.

I wish mit dem Konjunktiv ***were***, mit ***would*** (nur bei Vollverben), ***could*** oder dem Past (Perfect) entspricht dem deutschen **ich wünschte** mit dem Konjunktiv.

Test 190

Setze ***will, won't*** oder die richtige Form von ***to want (to)*** ein:

1. ____________________ *you give me a call tonight, please?*

2. *The elections* ____________________ *take place in March.*

3. *He* ____________________ *give up smoking, but he can't.*

4. ____________________ *you help me with this door? It* ____________________ *shut.*

5. *Any bank* ____________________ *cash this cheque.*

6. *They* ____________________ *visit the art museum, but I'm sure it* ____________________ *be open on Monday.*

7. *What* ____________________ *you do if it rains?*

8. *There's a man who* ____________________ *see you. – Ask him what he* ____________________ .

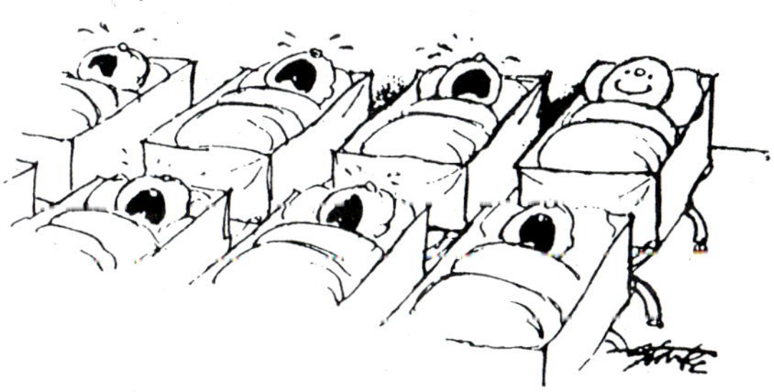

"You'll always find the odd one who isn't in touch with the realities of this world."

Test 191

Übersetze:

1. Ich wünschte, wir wären zu Hause geblieben.

____

2. Ich wünschte, Lindy wäre jetzt hier!

____

3. Ich wünschte, ich könnte etwas abnehmen[1].

____

? [1] *lose some weight*

192 *woman, wife*

*She's a very successful **woman.***	Sie ist eine sehr erfolgreiche **Frau.**
*She's also a wonderful **wife** and mother.*	Sie ist auch eine wunderbare **Frau** und Mutter.

woman [ˈwʊmən] Plural: ***women*** [ˈwɪmɪn]	–	**Frau**
wife [waɪf] Plural: ***wives*** [waɪvz]	–	**(Ehe-)Frau**

→ Vgl. *man, husband* 123

193 *wonder, (be) surprise(d)*

*I **wonder** what he'll say.*	Ich **möchte wissen,** was er sagen wird.
*They **were wondering** why they had ever gone there.*	Sie **fragten sich,** warum sie überhaupt hingegangen waren.
***I'm surprised** (that) we haven't heard from her.*	Ich **wundere mich/mich wundert,** dass wir nichts von ihr gehört haben.
*That **doesn't surprise** me at all.*	Das **wundert** mich überhaupt **nicht.**
*I would**n't be surprised** if …*	Ich würde **mich nicht wundern,** wenn …

to wonder (meist mit Fragewort)	–	**sich fragen, wissen wollen**
to be surprised (at)	–	**sich wundern/überrascht sein** (über)
to surprise	–	**überraschen, wundern, in Erstaunen versetzen**

ϟ **Vorsicht:**

In manchen Kontexten kann ***wonder*** auch durch **sich wundern** (= sich verwundert oder zweifelnd fragen) übersetzt werden, und ***wonder at*** kann auch **verwundert sein über** heißen, aber um **Fehler zu vermeiden**, sollte man ***wonder*** und ***be surprised*** auseinander halten.

Test 192

Setze ***woman*** oder ***wife*** ein:

1. *Have you met my* ________________ ?
2. *Is your doctor a man or a* ________________ ?
3. *Who's that* ________________ *who keeps staring at my husband?*
4. *His* ________________ *is a very attractive* ________________ .

Test 193

Setze die richtige Form von ***wonder, surprise*** oder ***be surprised*** ein:

1. *I* ________________________ *what happened to them.*
2. *I* ________________________ *that the door was open.*
3. *His strange behaviour* ________________________ *me.*
4. *I'm giving my daughter a car for her 18th birthday. I* ________________________ *whether she'll* ________________________ .

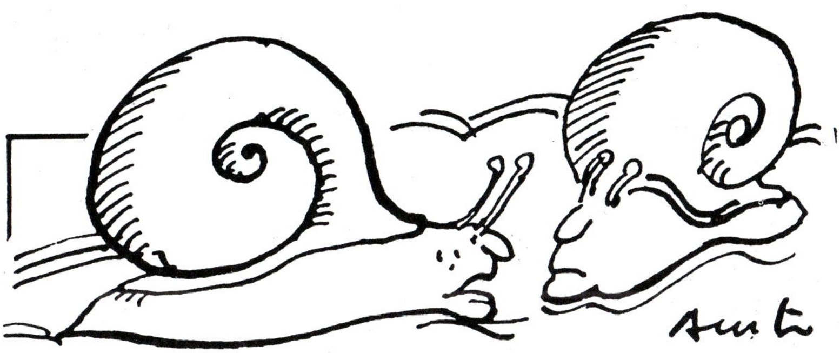

'Have you ever wondered why we're aerodynamically styled?'

194 *work, job*

He's looking for ***work/a job.***	Er sucht **Arbeit/eine Stelle.**
I go ***to work*** *by bike.*	Ich fahre mit dem Rad **zur Arbeit.**
The work of a *housewife isn't always rewarding.*	**Die Arbeit einer** Hausfrau befriedigt nicht immer.
This old ring is ***an*** *exquisite* ***piece of work.***	Dieser alte Ring ist **eine** herrliche **Arbeit.**
He ***did a good job.***	Er **hat gute Arbeit geleistet.**
a *time-consuming* ***job***	**(eine)** zeitraubende **Arbeit.**
repair ***work***	Reparatur**arbeiten**
a *repair* ***job***	**eine** Reparatur**arbeit**

> ***work*** im Sinne von **Tätigkeit, Mühe** kann nur im **Singular** und **ohne unbestimmten Artikel** verwendet werden.
>
> Der **bestimmte Artikel** steht bei **Zusätzen:**
>
> ***the work of a teacher*** – die Arbeit eines Lehrers
>
> Eine **einzelne Arbeit** wird durch ***a piece of work*** oder ***a job*** ausgedrückt, eine **Arbeit(sstelle)** durch ***a job.***

! **Beachte:** ***a work of art*** – **ein Kunstwerk**

a *new* ***work*** *on Gothic architecture* – **ein** neues **Werk** (= Buch) über gotische Architektur

Shakespeare's ***works*** – die **Werke** Shakespeares

a work *(Plural:* ***works****)* – **ein** (Kunst-)**Werk, Buch**

→ Vgl. *advice, information, news* 6; Artikel bei allgemeinen Begriffen 15

195 *worth* + *-ing*-Form

The film is really ***worth*** *seeing.*	Der Film ist wirklich **sehenswert.**
These stamps aren't ***worth keeping.***	Diese Briefmarken sind es nicht **wert, aufgehoben zu werden/dass man sie aufhebt.**

> Folgt auf ***worth*** ein Verb, muss es immer in der ***-ing*-Form** stehen.
>
> ***worth*** **+ *-ing*-Form** entspricht sehr oft der deutschen Konstruktion **(sehens-** etc.**)wert, wert ... zu werden.**

→ Vgl. *-ing*-Form nach Präpositionen 106; *-ing*-Form nach bestimmten Verben und Ausdrücken 107

Test 194

Übersetze:

> **WHEN I was out of work, I walked into a department store, found the manager and asked for a job.**

1. Sie war müde von der Arbeit.

2. Es ist eine interessante, gut bezahlte Arbeit.

3. Ich komme[1] um 5 Uhr von der Arbeit nach Hause.

4. Dein Aufsatz[2] ist eine ausgezeichnete Arbeit.

5. Der Architekt hat gute Arbeit geleistet.

6. Seine Sammlung enthält mehrere wertvolle Kunstwerke.

7. Es sieht wie die Arbeit eines Fachmannes[3] aus.

? 1) *get;* 2) *essay;* 3) *expert*

Test 195

Übersetze:

1. Ist dieses Buch lesenswert?

2. Das ist kaum erwähnenswert.

3. Ich bezweifle, dass das Leben nach einem Atomkrieg lebenswert sein wird.

196 *would, wouldn’t*

He said he ***would*** *help me.*	Er sagte, er **werde/würde** mir helfen. (ϟ **nicht:** wollte)
I ***would rather*** *stay at home tonight.*	Ich **würde** heute abend **lieber** zu Hause bleiben.
As boys we ***would play*** *tricks on the girls all the time.*	Als Jungen **spielten** wir den Mädchen dauernd Streiche. (ϟ **nicht:** würden oder wollten spielen)
He admitted having a gun but ***wouldn't*** *say where he had bought it.*	Er gab zu, eine Schusswaffe zu besitzen, **sagte** aber **nicht** / aber **weigerte sich zu sagen**, wo er sie gekauft hatte.

would wird hauptsächlich dazu gebraucht, das ***Conditional*** **(Bedingungsform)** zu bilden, und entspricht meist dem deutschen **würde.**

In Aussagen über die **Vergangenheit** drückt *would* **gewohnheitsmäßige Handlungen** aus, entspricht der Wendung ***used to*** [1] und bleibt meist **unübersetzt,** ebenso wie ***wouldn't,*** das **Ablehnung** oder **Weigerung,** etwas zu tun, ausdrückt.

→ [1] Vgl. *use, used to* 186

! **Beachte:**

I tried again and again, but the engine ***wouldn't*** *start.*	Ich versuchte es immer wieder, aber der Motor **wollte** einfach **nicht** anspringen.

In **übertragenem** Sinne kann ***wouldn't*** manchmal auch durch **wollte nicht** übersetzt werden.

ϟ **Vorsicht:**

He only ***wanted to*** *help you.*	Er **wollte** dir nur helfen.

Dem deutschen **wollte** entspricht ***wanted (to).***

→ Vgl. *will, won't* 190

Test 196

Setze ***would, wouldn't*** oder ***wanted (to)*** ein:

1. *A nuclear accident* ______________ *contaminate thousands of square miles.*

2. *A new umbrella! That's exactly what I* ______________ .

3. *When Grandma stayed with us, she* ______________ *spend hours in the kitchen cooking and baking for us.*

4. *He told me about his plans, but* ______________ *give me any details.*

5. *Let's go out tonight, or* ______________ *you rather watch TV?*

6. *We told him it* ______________ *be dangerous, but he* ______________ *listen.*

7. *What* ______________ *you do if you had a million dollars? – I* ______________

   travel to all the places I always ______________ *see.*

8. *I* ______________ *ask John what he* ______________ *do in my situation, but he wasn't there.*

197 *yes?*

*Excuse me, sir. – **Yes?***	Entschuldigen Sie bitte. – **Ja?** (= Was möchten Sie?)
*You're coming, **aren't you?***	Du kommst doch, **ja?**
*Stop that, **will you?***	Hör bitte auf, **ja?**
*Let's dance, **shall we?***	Lass uns tanzen, **ja?**
*You go ahead, **all right?***	Du gehst vor, **ja?**

> ***yes*** wird **nicht** wie das deutsche **ja** im Sinne von **nicht wahr** an Sätze angehängt, wenn Zustimmung erwartet oder etwas bekräftigt wird.
>
> Dem nachgestellten deutschen **ja?** entsprechen im Englischen meist die ***question tags*** oder ***(all) right?***

198 *yet*

*Is she back **yet?***	Ist sie **schon** zurück?
*He is**n't** ready **yet.***	Er ist **noch nicht** fertig.
*It's good, **yet** it could be better.*	Es ist gut, **doch** es könnte besser sein.
*strange **yet** true*	seltsam, **aber** wahr

> ***yet*** [jet] wird meist in **Frage** oder **Verneinung** verwendet und bedeutet dann **schon** bzw. **noch nicht.**
>
> Als **Konjunktion** drückt es einen **Gegensatz** aus und wird durch **doch, aber, dennoch** übersetzt.

Vorsicht:

***As yet,** no one has found an answer.*	**Bisher/bis jetzt** hat niemand eine Antwort gefunden.

aber:

*Are you better **now?***	Geht es dir **jetzt** besser?

Außer in der Wendung ***as yet*** (= bisher, bis jetzt) kann ***yet*** **nicht** durch **jetzt** übersetzt werden!

Test 197

Ergänze:

1. *Let's have a picnic,* ______________________________ ?

2. *Mr. Miller? –* ______________________________ *? – I've got a parcel for you.*

3. *Hand out these worksheets,* ______________________________ *?*

4. *You'll do the cooking and I'll do the dishes,* ______________________________ ?

Test 198

Setze ***yet*** oder ***now*** ein:

1. *I haven't done my homework* ______________ .

2. *What are you going to do* ______________ *?*

3. *Have you had breakfast* ______________ *?*

4. *We* ______________ *know what causes the disease, but as* ______________ *, no cure has been found for it.*

5. ______________ *is the time to act,* ______________ *the government isn't doing anything about it.*

Zahlen

199 *Zahlen*: Komma und Punkt

***2,000** pounds*	**2.000 Pfund**
***1.5** (one point five) per cent*	**1,5 (eins Komma fünf)** Prozent
3(rd) January/4(th) July	**3. Januar/4. Juli**

Im Englischen wird bei **vier-** und **mehrstelligen Zahlen** ein **Komma** statt eines **Punktes** verwendet. Vor **Dezimalstellen** steht der **Punkt** statt des **Kommas.**

Nach **Ordnungszahlen** steht im Englischen **kein Punkt.**

→ Vgl. Datum 60

200 *Zahlen*: Schreibung

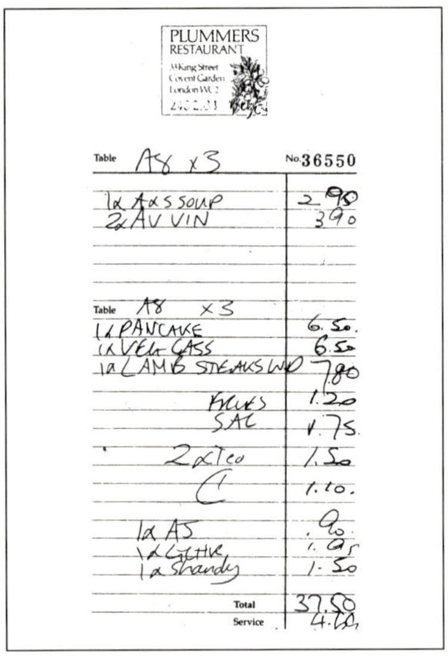

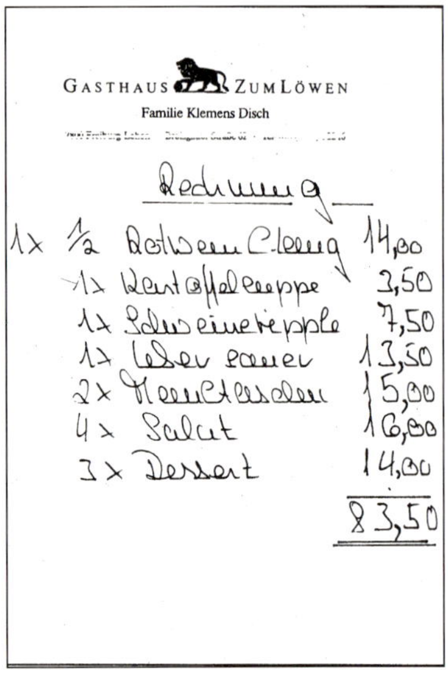

Im Englischen wird die handgeschriebene **1 ohne Aufstrich,** die **7 ohne Querstrich** geschrieben.

Die deutsche Schreibung von **1** und **7** kann daher leicht zu unangenehmen Verwechslungen führen.

Test 199

Übertrage ins Englische:

1. *30, 5°C* ______________________
2. *2. Oktober* ______________________
3. *2,8 Millionen* ______________________
4. *40.000 Dollar* ______________________
5. *18. Februar* ______________________
6. *2. 049,50 Pfund* ______________________

▶ The House approved a 4.9 percent cost-of-living increase in benefits for 2.5 million disabled veterans and their survivors. As of Dec. 1, a veteran with 100 percent military disability would get $1,539, up from $1,468.

Test 200

Übersetze und schreibe die Zahlen auf die englische Art.

Vergleiche vorher das Stichwort Zahlen (Komma und Punkt):

1. 10,77 Prozent

____

2. ein Scheck über 70.117,71 Dollar

____

3. im Jahre 1776

____

4. Meine Telefonnummer ist 0711 771 711.

____

Grammatische Begriffe

■ **Adjektiv:**
Eigenschaftswort
z. B. ***clear***, ***awful***, ***good***, ***fast***

attributiv:
Stellung vor einem Substantiv → vgl. prädikativ
z. B. *He's a* ***sick*** *man.*
prädikativ:
Stellung nach *be, get* usw. → vgl. attributiv
z. B. *She's* ***ill.***

■ **Adverb:**
Umstandswort der Art und Weise, des Ortes, der Zeit
z. B. ***clearly***, ***awfully***, ***well***, ***fast; here, never***

■ **Aktiv:**
Tatform → vgl. Passiv
z. B. *Someone* ***stole*** *my car.*

■ **Artikel:**
Geschlechtswort
→ bestimmter Artikel, unbestimmter Artikel

bestimmter Artikel:
z. B. ***the*** [ðə] *song,* ***the*** [ðiː] *album*
unbestimmter Artikel:
z. B. ***a*** *song,* ***an*** *album*

■ ***Conditional:***
Bedingungsform, Konditional
z. B. *He said he* ***would help*** *me.*

■ ***Conditional Perfect:***
Konditional II
z. B. *I* ***would have done*** *it.*

■ ***Future:***
Zukunft, Futur
z. B. *I'****ll help*** *you. You* ***won't believe*** *it.*

■ **Genitiv:**
Besitzfall, auch: ***s*-Genitiv** oder mit ***of***
z. B. ***Bob's*** *watch, the top* ***of*** *the box*

■ **Hilfsverb:**
Kommt nur zusammen mit Vollverb vor → vgl Vollverb; z. B. *have* in: *I* ***haven't*** *seen him.*

■ **Infinitiv:**
Grundform, Nennform
z. B. *You can* ***go***. *I want* ***to leave***.

■ **intransitives Verb:**
Verb ohne direktes Objekt → vgl. transitives Verb; z. B. ***break*** in: *My glass* ***broke***.

■ **Konjunktion:**
Bindewort; z. B. ***but, and, or, because, while***

■ **Konjunktiv:**
Möglichkeitsform
z. B. *If I* ***were*** *you ...*

■ **Konsonant:**
Mitlaut → vgl. Vokal
z. B. ***b, d, g, k, l, m***

■ **Nomen:** → vgl. Substantiv

■ **Objekt:**
Ergänzung → vgl. Subjekt
z. B. ***cats*** in: *My dog hates* ***cats***.

■ **Partizip Perfekt:**
Mittelwort der Vergangenheit, „die dritte Form"
z. B. ***helped, done, seen***

■ **Partizip Präsens:**
Mittelwort der Gegenwart
z. B. ***seeing***, ***coming***, ***lying***

■ **Passiv:**
Leideform → vgl. Aktiv
z. B. *My car* ***was stolen***.

■ ***Past:***
Vergangenheit, Präteritum
z. B. *I **saw** her.*

■ ***Past Perfect:***
vollendete Vergangenheit, Plusquamperfekt
z. B. *I **had** never **seen** her before.*

■ **Plural:**
Mehrzahl → vgl. Singular
z. B. ***boys**, **stories**, **children***

■ **Possessivpronomen:**
besitzanzeigendes Fürwort
z. B. ***my**, **your**, **his**, **our**, **their***

■ **Präposition:**
Verhältniswort
z. B. ***in**, **on**, **for**, **after***

■ **Präsens:**
→ vgl. *Present*

■ ***Present:***
Präsens, Gegenwart
z. B. *She **works** in a bank.*

■ ***Present Continuous:***
Verlaufsform des Präsens
z. B. ***I'm looking** ...*

■ ***Present Perfect:***
vollendete Gegenwart, Perfekt
z. B. ***I've seen** the film.*

■ ***Present Perfect Continuous:***
Verlaufsform des Perfekts
z. B. *We**'ve been waiting** for hours.*

■ **Pronomen:**
Fürwort; z. B. Personalpronomen ***(I, you, he ...)***
oder Possessivpronomen → vgl. dort

■ ***Question tag:***
Frageanhängsel
z. B. *It's hot, **isn't it**?*

■ **Singular:**
Einzahl → vgl. Plural
z. B. ***boy**, **story**, **child***

■ **Steigerung:**
z. B. *fast, **faster**, **fastest**; good, **better**, **best***

■ **Subjekt:**
Satzgegenstand → vgl. Objekt
z. B. ***my dog*** in: ***My dog** hates cats.*

■ **Substantiv:**
Hauptwort, Nomen
z. B. ***boy**, **table**, **oil**, **idea***

■ **Temporaler Nebensatz:**
→ vgl. Vergleichssatz
z. B. ***Since I last met her ...*** – *„Seitdem ..."*

■ **transitives Verb:**
Verb mit direktem Objekt → vgl. intransitives Verb; z. B. ***break*** in: *I **broke** a glass*

■ **Verb:**
→ vgl. Vollverb, Hilfsverb

■ **Vergleichssatz:**
z. B. ***As I said before*** – *„Wie ..."*

■ **Vokal:**
Selbstlaut → vgl. Konsonant
z. B. ***a**, **e**, **i**, **o**, **u***

■ **Vollverb:**
kann allein im Satz vorkommen → vgl. Hilfsverb
z. B. ***have*** in: *I **had** a cup of tea.*

Quellenverzeichnis

Seite

27 aus: London Evening Standard vom 21. 7. 1982

31 aus: Coran, Alan (Hg.), The Punch Book of Kids, London: Punch 1983, S. 45

39 aus: Punch, wiederabgedruckt in: Anglo-American Spotlight, o. A.

51 aus: Punch, London, s. o.

54 links aus: „Upper and Lower Case", hrsg. International Typeface Corporation, New York, Dez. 1981
rechts aus: Punch, zit. aus: Langenscheidts Standardgrammatik Englisch, hrsg. Dr. Sonia Brough u. Dr. Vincent Docherty, Berlin/München 1995, S. 208

61 © 1994 KFS/DISTR. BULLS

75 aus: International Herald Tribune 7. 11. 95, S. 11

79 © 1994 KFS/DISTR. BULLS

93 aus: Prospekt Sommerfahrplan der Alaska Marine Highway 1996 (o. O.)

95 Kindervers aus: The Annotated Mother Goose, New York 1962, Nr. 781

100 © William P. Hoest, New York, o. J.

103 oben aus: The Spectator Cartoon Book, A Collection of Cartoons by Austin, Garland, Heath and Woodcock, London: André Deutsch 1987, S. 50
unten aus: Daily Mirror vom 15. 7. 1982, S. 10

113 Kindervers aus: The Annotated Mother Goose, New York 1962, Nr. 752

135 aus: Punch, wiederabgedruckt in: Hughes, A Handbook of Classroom English, Oxford University Press o. J., S. 106

139 aus: The Spectator Cartoon Book, A Collection of Cartoons by Austin, Garland, Heath and Woodcock, London: André Deutsch 1987, S. 38

141 aus: Coran, Alan (Hg.), The Punch Book of Kids, London: Punch 1983, S. 52

184 © 1994 KFS/DISTR. BULLS

189 aus: Coran, Alan (Hg.), The Punch Book of Kids, London: Punch 1983, S. 81

191 aus: The Spectator Cartoon Book, A Collection of Cartoons by Austin, Garland, Heath and Woodcock, London: André Deutsch 1987, S. 111

In einigen wenigen Fällen ist es uns trotz intensiver Bemühungen nicht gelungen, die Rechteinhaber von Texten und Abbildungen zu ermitteln. Für entsprechende Hinweise wären wir dankbar.

MENTOR LERN- HILFE

Band 560

Englisch

Vorsicht Fehler! 1

200 typische Englischfehler erkennen und vermeiden

Lösungsteil

Holger Freese

Mentor Verlag München

Lösungen zu den einzelnen Tests

Test 1
about, over, more than

1. *I collect books about Indians. I've already got over/more than a hundred of them.* 2. *In the USA you have to be over 21 if you want to buy alcohol.* 3. *We got married about a year ago, but we've known each other over/more than ten years.*

Test 2
***action* etc.**

1. *campaign/drive* 2. *operation* 3. *action* 4. *action; campaign/drive*

Test 3
***actual* etc.,**

1. *topical* 2. *actual* 3. *up-to-date* 4. *actual* 5. *up-to-date; current*

Test 4
Adjektiv oder Adverb

1. *nice; beautifully* 2. *happily* 3. *tired; tired* 4. *uncomfortable; angrily* 5. *good; well*

Test 5
Adverb ... wie Adjektiv

1. *late; hardly* 2. *straight* 3. *hard; lately* 4. *early; hardly*

Test 6
advice, information, news

1. *Where can I get some information about job offers?* 2. *Did you hear the news this morning?* 3. *We are prepared to pay 2,000 dollars for this piece of information.* 4. *I know it's bad news for you. You should have taken my advice.*

Test 7
Altersangaben

1. *I'm 27 years old and have a three-year-old daughter.* 2. *In England and America children start school at the age of five.* 3. *My daughter will be 20 in February.* 4. *At the age of 70 he married a 25-year-old woman.*

Test 8
among, under

1. *under* 2. *among* 3. *under* 4. *under* 5. *among*

Test 9
anxious, afraid

1. *anxious* 2. *afraid* 3. *anxious; afraid* 4. *anxious*

Apostroph

Test 10
… *its, it's*

1. *It's; its* 2. *It's* 3. *its; its; its* 4. *It's; It's* 5. *its; it's* 6. *It's*

Test 11
… vor Plural-*s*

1. *1950(')s* 2. *7's; F's* 3. *th's* 4. *MP(')s; stars*

Test 12
… *s*-Genitiv

1. *daughter's* 2. *Dennis's* 3. *neighbours'* 4. *neighbour's* 5. *the Beatles'* 6. *dog's* 7. *policemen's* 8. *St. James's*

Test 13
***art, way, kind* etc.**

1. *way* 2. *kind/sort* 3. *species* 4. *kind/sort; way* 5. *kinds/sorts; art*

Artikel

Test 14
… a, an

1. *a* 2. *an* 3. *a* 4. *an* 5. *a* 6. *a* 7. *an* 8. *a* 9. *an* 10. *a*

Test 15
... bei allgemeinen Begriffen

1. *the* 2. – 3. – 4. – 5. – 6. – 7. *the* 8. – 9. *the* 10. –; *the* 11. *The; the*

Test 16
… bei Gewässernamen

1. *The Mississippi is the longest river in North America.* 2. *Chicago lies on Lake Michigan.* 3. *The Pacific is deeper than the other oceans.*

Test 17
… vor *hundred, thousand*

1. *about a hundred pounds* 2. *one thousand four hundred and ten inhabitants* 3. *one hundred and fifty-two thousand dollars* 4. *almost a thousand people*

Test 18
… bei Länder-, Ortsnamen etc.

1. *Oxford Street and Regent Street are famous shopping streets.* 2. *Have you been to Westminster Abbey and St. Paul's Cathedral yet?* 3. *These baskets are made in the Philippines.* 4. *The play was first shown on Broadway.* 5. *She was born in Turkey.* 6. *There are a lot of joggers in Central Park.*

Test 19
… bei Planeten

1. –; –; – 2. *The; the* 3. *the;* –

Test 20
… bei *space*

1. *Sputnik I was sent into space in 1957.* 2. *Yuri Gagarin was the first man in space.*

Test 21
… Zugehörigkeit zu Gruppe

1. *Martin Luther King was a minister, and like Gandhi he was a pacifist.* 2. *She's a student and wants to be a doctor.* 3. *I'm a German, but first of all I'm a European.*

Test 22
as, how

1. *how; as* 2. *how; how; As*

Test 23
as, since

1. *As/Since* 2. *As* 3. *since* 4. *Since*

Test 24
as, than

1. *than* 2. *as; as* 3. *than* 4. *as; as* 5. *than* 6. *than* 7. *as; as* 8. *than* 9. *The cassette is cheaper than the compact disc.* 10. *The oranges are more expensive than the apples.* 11. *You behaved as badly as your brother.* Oder: *Your brother behaved as badly as you (did).* 12. *Sally solved the maths problem more quickly than Pete.* 13. *The film's (just) as boring as the book.* 14. *This year's Wimbledon final wasn't as exciting as last year's.* 15. *Some teachers are more interested in their subject matter than in their pupils.* 16. *She drives better and more carefully than her husband.* 17. *These days people are taking environmental problems more seriously than 20 years ago.* 18. *Perfect pronunciation is less important than a large vocabulary.* 19. *Her dress is the same colour as her eyes.*

Test 25
at last, at least

1. *at least* 2. *at last* 3. *at last* 4. *at least* 5. *At last; at least*

Test 26 ***attend, visit*** — 1. *attend* 2. *visited* 3. *attend* 4. *attend* 5. *visiting* 6. *visits; attend*

Test 27 ***bank, bench*** — 1. *bench* 2. *bank* 3. *bank* 4. *bank*

Test 28 ***become, get*** — 1. *became* 2. *got* 3. *gets* 4. *become* 5. *get*

Test 29 ***before, in front of*** — 1. *in front of* 2. *in front of* 3. *before* 4. *before*

Test 30 ***big, great*** — 1. *great* 2. *Big* 3. *big* 4. *great* 5. *Big* 6. *big* 7. *great* 8. *big*

Test 31 ***big, tall*** — 1. *tall* 2. *big* 3. *big; tall* 4. *big*

Test 32 ***billion*** — 1. *The world population is about five billion.* 2. *In our Galaxy alone there are almost one trillion/a thousand billion stars.*

Test 33 ***birthday*** — 1. *My daughter's birthday is on February 4th.* 2. *Is Tom's birthday next week?* 3. *I heard it's your birthday today.*

Test 34 ***biscuit* etc.** — 1. *I would just like cheese and crackers.* 2. *You can have tea and biscuits.* 3. *I made these cookies myself.*

Test 35 ***borrow, lend*** — 1. *lend* 2. *borrow* 3. *lend* 4. *borrowed*

Test 36 ***boss, chef* etc.** — 1. *chief* 2. *boss* 3. *Chief* 4. *boss* 5. *chef; boss*

Test 37 ***brave, good*** — 1. *good* 2. *brave* 3. *Good*

Test 38 ***bring, take*** — 1. *take* 2. *brings* 3. *took* 4. *bring* 5. *bring; take* 6. *take; bring*

Test 39 ***build, form* etc.** — 1. *formed* 2. *shaped* 3. *built* 4. *formed* 5. *formed*

Test 40 ***by, at, near* etc.** — 1. *at* 2. *with* 3. *with* 4. *at* 5. *near* 6. *by* 7. *with*

Test 41 ***by, from someone*** — 1. *by* 2. *by* 3. *from* 4. *by; from* 5. *from*

Test 42 ***by, until*** — 1. *by; until/till* 2. *By; until/till* 3. *until/till; by* 4. *until/till; by*

Test 43
***caricature* etc.**
1. *cartoons* 2. *caricature* 3. *cartoon* 4. *caricature*

Test 44
catcher, wrestler
1. *wrestler* 2. *catcher*

Test 45
***chemist* etc.**
1. Mein(e) Apotheker(in) empfahl mir Aspirin gegen meine Kopfschmerzen.
2. Die Physikerin und Chemikerin Marie Curie entdeckte 1898 das Radium.

Test 46
***chips* etc.**
1. *I'd like a large portion of fish and chips.* 2. *A cheeseburger, French fries and a coke, please.*

Test 47
Christ, Christian
Christian; Christ; Christian

Test 48
clerical
1. eine Bürotätigkeit; ein „Schreibtischjob" 2. ein Schreib-/Buchungsfehler; ein Versehen 3. das Büropersonal

Test 49
closet, toilet
1. *toilet* 2. *closet* 3. *toilets*

colour

Test 50
… colour, paint
1. *paint* 2. *colours* 3. *paint* 4. *colour; paint*

Test 51
… What colour?
1. *What colour was the car you saw?* 2. *My shirts are all the same colour.* 3. *What colour are her eyes?*

Test 52
***comfortable* etc.**
1. *comfortable* 2. *luxurious* 3. *comfortable* 4. *comfortable*

Test 53
***consequent* etc.**
1. *consistent* 2. *consequent*

Test 54
control, check
1. *check* 2. *control* 3. *check* 4. *checked* 5. *controlled* 6. *control; check*

Test 55
costume, suit
1. *suit* 2. *costume(s)* 3. *costume*

Test 56
country, land
1. *country* 2. *land* 3. *countries* 4. *land* 5. *country; land*

Test 57
couple, pair
1. *couple* 2. *pair* 3. *couples* 4. *couple* 5. *pairs* 6. *pairs* 7. *couple; pair*

Test 58
***critic* etc.**
1. *criticism* 2. *critic* 3. *criticism* 4. *critics; reviews*

Test 59
cutlet, chop
1. *chops* 2. *cutlet*

Test 60
Datum

1. *16(th) December(,) 1941/December 16(th)(,) 1941; BE 25/10/63; AE 10/25/63* 2. *the twenty-first of July/July (the) twenty-first, nineteen ninety-five; the fourteenth of March/March (the) fourteenth, nineteen ninety-nine*

Test 61
***decent* etc.**

1. *decent* 2. *decent* 3. *decent* 4. *discreet* 5. *decent* 6. *unobtrusive; soft*

Test 62
***delicatessen* etc.**

1. *delicacy* 2. *delicatessen*

Test 63
discriminate

1. *discriminated against* 2. *discriminate*

Test 64
do, make

1. *do; do* 2. *do* 3. *make* 4. *make; do* 5. *make; do*

Test 65
dome, cathedral

1. *dome* 2. *cathedral*

Test 66
drunk, drunken

1. *Just one glass of wine is enough to make her drunk.* 2. *Drunk(en) drivers should be punished more severely* 3. *I hate men who get drunk at parties. After all, who wants to dance with a drunk?*

Test 67
***economic* etc.**

1. *economical* 2. *economic* 3. *economic* 4. *economic; economical*

Test 68
either

1. *He can't write and can't read properly either.* 2. *You can park on either side of the street.* 3. *It's a film that you either love or hate.* 4. *Would you like ice cream or cake? – I don't care for either.*

Test 69
***eventual* etc.**

1. *possible* 2. *eventually* 3. *eventual* 4. *Perhaps/Maybe* 5. *Perhaps/Maybe; eventually*

Test 70
excuse me, sorry

1. *Oh sorry, I didn't see you.* 2. *I'm sorry I'm late.* 3. *Excuse me, may I use your phone?*

Test 71
explain

1. *You must explain to your teacher why you couldn't do your homework.* 2. *He tried in vain to explain the rules of cricket to us.*

Test 72
***extravagant* etc.**

1. *extravagant* 2. *sophisticated* 3. *stylish; extravagant*

Test 73
familiar

1. *family* 2. *familiar* 3. *familiar* 4. *familiar; family* 5. *family; family*

Test 74
***fatal* etc.**

1. *fatal* 2. *embarrassing* 3. *fatal* 4. *unfortunate*

Test 75
find, think, like

1. a) Es fiel mir schwer, ihm zu glauben. b) Im Gegensatz zu dem, was sie gesagt hatten, erwies er sich als sehr hilfsbereiter Mann. c) Es fällt mir nicht leicht, Ratschläge zu erteilen. 2. a) How do you like my new hairstyle? b) I think the children watch too much TV. c) I don't think that's right.

Test 76
finished, ready
1. *ready* 2. *finished* 3. *finished* 4. *finished* 5. *finished; ready*

Test 77
first, at first
1. *first* 2. *First* 3. *at first* 4. *first* 5. *At first; first*

Test 78
***the first* etc.**
1. *I'll be abroad for the next few weeks.* 2. *In the last few years air pollution has increased enormously.* 3. *We'll find out the result in the next few hours.*

Test 79
for, ago
1. *A hundred years ago Edison invented the film projector.* 2. *The Berliners had to live with the Wall for 28 years.* 3. *She called me a few days ago and told me about her latest crush.*

Test 80
for, since
1. a) *since* b) *since, for* c) *since* 2. a) *I've been learning English for six years.* b) *My grandfather has been dead for over 10 years.* c) *Since November 9th 1989 there has been no Berlin Wall.*

Test 81
Fragebildung ohne *to do*
1. *Who wrote the most successful musicals of our time?* 2. *Where does he work?* 3. *How many Oscars did 'Westside Story' win in 1961?* 4. *Whose records sold 545 million copies between 1963 and 1972?*

Test 82
friendly
1. *You should always talk to him in a friendly way.* 2. *They aren't exactly friendly to foreigners here.*

Test 83
garage
1. Er ist KFZ-Mechaniker. 2. Sie mussten den Wagen zur nächsten Werkstatt schieben. 3. Der Wagen ist in der Werkstatt.

Test 84
go, drive, ride
1. *go* 2. *go* 3. *drive* 4. *go* 5. *drive* 6. *ride* 7. *ride* 8. *ride; drive*

Test 85
go, walk
1. *walk* 2. *walk* 3. *gone* 4. *go* 5. *walk* 6. *walk; go*

Test 86
***go to bed* etc.**
1. *It's time to go to bed, children!* 2. *Now don't worry and go to sleep!*

Test 87
good, well
1. *well; good* 2. *well; good* 3. *well*

Test 88
gymnasium
1. *grammar school* 2. *gym*

Test 89
gymnastics
1. *exercises* 2. *gymnastics*

Test 90
hair
1. *Julio has black hair and brown eyes.* 2. *She discovered two blond hairs on her husband's jacket.* 3. *Why did you cut off your beautiful long hair?*

Test 91
happy, lucky
1. *happy* 2. *lucky* 3. *happy* 4. *happy* 5. *lucky* 6. *lucky; happy*

Test 92
hard, hardly
1. *hard; hardly* 2. *hardly; hard*

Test 93 ***have***

1. a) *Does he have a shower every morning?* b) *Do they have to work on Sundays?* c) *Did she have an appointment for 3 o'clock?* d) *Did he have long hair when he was young?* e) *Did you have to wait for a long time?* 2. a) *He doesn't have coffee for breakfast.* b) *She doesn't always have lunch in the cafeteria.* c) *I don't have to go there every day.* d) *They didn't have a very nice holiday.* e) *We didn't have a ride on a cablecar in San Francisco.*

Test 94 ***have something done***

1. *She had her wedding dress made by Dior.* 2. *I must have my eyes tested.* 3. *I can't pick you up, because I'm having my car repaired.* 4. *How often do you have your house painted?*

Test 95 ***hear, listen (to)***

1. *hear* 2. *listening to; hear* 3. *listens to* 4. *listen; hear* 5. *hear; listening*

Test 96 ***high school* etc.**

1. *university* 2. *high school* 3. *college*

Test 97 ***homework* etc.**

1. *Don't forget to do your homework.* 2. *If you help me with the housework, I'll help you with your homework.* 3. *The teacher forgot to give us any homework.*

Test 98 ***how, what (… like)***

1. *What* 2. *How* 3. *What; What* 4. *What* 5. *How* 6. *What's your new teacher like?* 7. *What's her name?* 8. *What does she look like?* 9. *How are your grandparents?* 10. *What's the climate like in Southern California?* 11. *How do you spell your name?*

Test 99 ***how do you do***

1. *Hello; how are; fine, thanks* 2. *how are you; I'm fine*

Test 100 ***if, when***

1. *When* 2. *if* 3. *when*

if-Sätze

Test 101 **… die 3 Grundtypen**

1. *would have passed* 2. *don't drive* 3. *won't be able to* 4. *had; would make* 5. *had known*

Test 102 **… Typ 2**

1. *were ; would raise* 2. *were allowed; would support* 3. *would go; could buy*

Test 103 **… Mischformen**

1. *If I were a man, they would have given me the job.* 2. *We would have fewer problems today if we had invested more money in the development of alternative energy sources.*

Test 104 ***ill, sick***

1. *sick* 2. *ill* 3. *sick* 4. *sick* 5. *ill; sick*

Test 105 ***in, on the picture***

1. *Would you recognize me in this picture?* 2. *There was a thick layer of dust on the picture.*

-ing-Form

Test 106 **… nach Präpositionen**

1. *Are you interested in working for us?* 2. *This method has the advantage of saving a lot of ernergy.* 3. *They succeeded in getting the fire under control.* 4. *Which of you had the stupid idea of putting the metal pan in the microwave?*

Test 107
… nach bestimmten Verben

1. *He suggested going to another restaurant.* 2. *I can't imagine living in a world without trees.* 3. *You should avoid eating fatty meat and stop smoking.* 4. *Have you ever considered changing your job?* 5. *Many people don't mind working in the evening(s) if they get a day off to make up.* 6. *In Washington you shouldn't miss visiting the Air and Space Museum.* 7. *It's no use complaining; they won't do anything about it.*

Test 108
***irritate* etc.**

1. *put off* 2. *irritates* 3. *irritating* 4. *confused* 5. *irritate*

Test 109
isolate, insulate

1. *insulated* 2. *isolated* 3. *insulated*

Test 110
last

1. *last* 2. *latest* 3. *last* 4. *latest; last*

Test 111
late, lately

1. *lately; late* 2. *late*

Test 112
learn, study

1. *study* 2. *learning* 3. *learnt* 4. *learn; study*

Test 113
leave, let

1. *Let* 2. *letting* 3. *left* 4. *leave* 5. *let* 6. *leaves* 7. *leave; let*

Test 114
less, fewer

1. *fewer; less* 2. *less* 3. *less* 4. *Fewer; less*

Test 115
lie, lay

1. *Lay* 2. *lay* 3. *lies* 4. *lying* 5. *laid* 6. *lying* 7. *laid; lay*

Test 116
life, live, alive

1. *lives* 2. *live* 3. *live* 4. *life* 5. *live* 6. *alive*

Test 117
like, as

1. *like* 2. *as* 3. *as; like* 4. *like; as*

Test 118
liquor

1. *liquor* 2. *liqueur* 3. *liqueur; liquor*

Test 119
little, few

1. *few* 2. *a little* 3. *little* 4. *a few* 5. *little*

Test 120
look, see, watch

1. *watch* 2. *looked; see* 3. *watching* 4. *looked; saw* 5. *Look at; seen* 6. *see; looked; look*

Test 121
machine, automat

1. *In Las Vegas you can lose a lot of money on the one-armed bandits.* 2. *Can you give me a coin for the chewing-gum machine?* 3. *In the station hall there are lots of vending machines.* 4. *In England children, too, are allowed to play one-armed bandits.*

Test 122
major, mayor

1. *majors* 2. *mayor* 3. *major; mayors*

Test 123 ***man, husband***
1. *husband* 2. *man* 3. *husband; man* 4. *man; husband* 5. *husband; man*

Test 124 ***manager, executive***
1. *manager* 2. *executives* 3. *manager* 4. *executive; manager*

Test 125 ***marine, navy***
1. *marine* 2. *Marines* 3. *Navy* 4. *marine*

Test 126 ***marmalade* etc.**
1. *strawberry jam* 2. *apple jelly* 3. *lemon marmalade* 4. *apricot jam*

Test 127 ***mean, think***
1. *Do you mean this book?* 2. *He doesn't mean it.* 3. *Do you think we should go?* 4. *I think that's a good idea. What do you think?* 5. *He said no but he meant yes.* 6. *Do you think she means it?*

Test 128 ***meaning, opinion***
1. *opinion* 2. *opinion* 3. *meaning* 4. *opinion; meaning*

Test 129 ***menu* etc.**
1. *Guest: Do you have fish on the menu?* 2. *Waiter: Yes, of course, sir. I would recommend our set lunch. The second course is haddock.*

Test 130 ***most, mostly***
1. *most* 2. *mostly* 3. *most; mostly*

Test 131 ***most, the most***
1. *the most* 2. *the most* 3. *most* 4. *Most; the most*

Test 132 ***much, many* etc.**
1. *many; a lot of* 2. *much* 3. *a lot of; much* 4. *many; much*

Test 133 ***murder etc.***
1. *murderers* 2. *murder* 3. *murdered* 4. *murder*

Test 134 ***music(al) box,* etc.**
1. *jukebox* 2. *music(al) box*

Test 135 ***must not, need not***
1. *need not/needn't* 2. *must not/mustn't* 3. *must not/mustn't* 4. *need not/needn't*

Test 136 ***nearest, next***
1. *nearest* 2. *nearest* 3. *next* 4. *nearest; next*

Test 137 ***neither***
1. *He can neither read nor write.* 2. *They produced two records, but neither (of them) was a success.* 3. *I don't like brass bands. – Neither do I.* 4. *Neither answer/Neither of the two answers is correct.*

Test 138
Nomen mit Verb im Plural

1. *The police (have) caught the murderer.* 2. *The cattle are in the shed.* 3. *The military are in control of the city.*

Test 139
***of* bei Mengen-/Teilangaben**

1. *a box of matches* 2. *a cup of tea* 3. *a drop of water* 4. *a herd of elephants* 5. *two glasses of wine* 6. *a set of tools* 7. *a horde of children* 8. *a pair of gloves* 9. *10 acres of land* 10. *a collection of stamps*

Test 140
***oldtimer, vintage car* etc.**

1. *In Reno, Nevada, you can see one of America's finest collections of vintage cars.* 2. *At 85 he's one of the oldtimers in Parliament.* 3. *This 1929 Bugatti Royale is one of the most valuable vintage cars.*

Test 141
***overhear* etc.**

1. *not heard* 2. *didn't hear* 3. *overheard; ignored*

Test 142
overlook, oversee

1. *overlook* 2. *overlook* 3. *oversee; overlooked*

Test 143
own

1. *I didn't believe it till I saw it with my own eyes.* 2. *The country doesn't have any oil of its own and has to import it* 3. *Each of my brothers has his own computer.*

Test 144
pause, break

1. *break* 2. *break* 3. *pause* 4. *break*

Test 145
people(s)

1. *people* 2. *peoples* 3. *people* 4. *people; people; people* 5. *people; peoples*

Test 146
petrol, petroleum

1. *petrol* 2. *petroleum* 3. *Petrol; paraffin; petroleum*

Test 147
***photograph, photographer* etc.**

1. *photographer* 2. *Photography* 3. *photograph; photographer*

Test 148
phrase

1. *phrase* 2. *cliché* 3. *clichés* 4. *phrases; clichés*

Test 149
***physician* etc.**

1. *physicist* 2. *physicians*

Test 150
please

1. *Can I help you?* 2. *please; please* 3. *please; Here you are* 4. *please* 5. *Here you are* 6. *please* 7. *Pardon?* 8. *please* 9. *Not at all*

Test 151
plump, clumsy

1. *clumsy* 2. *clumsy* 3. *plump* 4. *plump*

Test 152
policy, politics

1. *politics* 2. *policies* 3. *policy* 4. *policy* 5. *Politics*

Test 153
Possessivpronomen

1. *She closed her eyes and went to sleep.* 2. *Take off your shoes please.* 3. *I've been on my feet all day.* 4. *Don't forget to wash your hands and brush your teeth.*

Test 154 ***price, prize*** 1. *price* 2. *Prize* 3. *price* 4. *prize* 5. *price*

Test 155 ***prospect* etc.** 1. *prospectuses* 2. *prospect* 3. *prospectus; prospects*

Test 156 ***public school*** 1. *Public schools in England are rather expensive, while state schools are free.* 2. *Almost all high schools in America are public schools.*

Test 157 ***puzzle*** 1. *puzzles* 2. *puzzle* 3. *jigsaw (puzzle)* 4. *puzzle*

Test 158 ***raise, rise*** 1. *raise* 2. *raised* 3. *rose* 4. *rise; raise*

Test 159 ***recipe* etc.** 1. *prescription* 2. *receipt* 3. *recipe* 4. *recipe*

Test 160 ***remember* etc.** 1. *remember* 2. *remind* 3. *remember; reminds* 4. *remind; remember*

Test 161 ***rent, pension*** 1. *rent* 2. *pension* 3. *rent; pension*

Test 162 ***river, stream*** 1. *river* 2. *stream* 3. *stream* 4. *Streams* 5. *rivers; stream*

Test 163 ***road, street*** 1. *road* 2. *street* 3. *street* 4. *roads* 5. *streets; roads*

Test 164 ***sauce, gravy* etc.** 1. *dressing* 2. *gravy* 3. *sauce*

Test 165 ***sea, lake*** 1. *lakes* 2. *sea* 3. *Lakes* 4. *Sea* 5. *Lake; lake*

Test 166 ***self-conscious* etc.** 1. *self-confident* 2. *self-conscious* 3. *self-conscious; self-confident*

Test 167 ***sensible* etc.** 1. *sensitive* 2. *sensible* 3. *sensitive* 4. *sensitive* 5. *sensitive*

Test 168 ***serious* etc.** 1. *reliable* 2. *serious* 3. *respectable*

Test 169 ***shade, shadow*** 1. *shadow* 2. *shade* 3. *shadow* 4. *shade*

Test 170 ***shall, will*** 1. *shall* 2. *will* 3. *shall* 4. *will*

Test 171 ***shellfish* etc.** 1. *shellfish* 2. *haddock*

Test 172
short, small
1. *small* 2. *short* 3. *short* 4. *small*

Test 173
shortly, recently
1. *recently* 2. *shortly* 3. *recently; shortly*

Test 174
sleep in, sleep out
1. *sleep in* 2. *sleep out* 3. *sleep out*

Test 175
slip
1. *You'll find slips in the lingerie department.* 2. *He only wears cotton briefs.*

Test 176
small, narrow
1. *small* 2. *narrow* 3. *small; narrow*

Test 177
***spend, give* etc.**
1. *donated/gave* 2. *spends* 3. *give/donate; spends*

Test 178
stadium, stage
1. *stage* 2. *stadium* 3. *stage; stadium*

Test 179
strong, strict
1. *strict* 2. *strict* 3. *strong* 4. *strict; strong*

Test 180
***take it easy* etc.**
1. *On Sunday I just want to take it easy a bit.* 2. *Never mind! You'll pass your next driving test.* 3. *She was ill and should take it easy for a while.*

Test 181
***take place* etc.**
1. *have/take a seat* 2. *take place* 3. *take your seats* 4. *took place; took his seat*

Test 182
***technique* etc.**
1. *technology* 2. *technique* 3. *technology; techniques*

Test 183
thick, fat
1. *fat* 2. *thick* 3. *thick; fat*

Test 184
to, into
1. *to* 2. *to* 3. *into* 4. *into* 5. *to* 6. *into* 7. *to; into* 8. *into; to*

Test 185
***until, to* etc.**
1. *to* 2. *until/till* 3. *to* 4. *to; until/till; as far as*

Test 186
use, used to
1. *used to go; was used to* 2. *are … used to eating* 3. *got used to* 4. *used … to open* 5. *Telephone companies used to transmit intercontinental calls via cable. Today mainly communications satellites are used.* 6. *I used to hate fish. But I got used to it.* 7. *In my new job I have to travel more than I used to. But I'm still not used to living out of a suitcase.*

Test 187
wander, hike
1. *wandered* 2. *hiking* 3. *wandering*

Test 188
want, would like, wish
1. *She wants/would like you to call her.* 2. *I don't want Alan to be disappointed.* 3. *Do you wish me to serve dinner now?* 4. *They would like the piano to be delivered on Saturday.*

Test 189 ***warehouse* etc.**

1. *department stores* 2. *warehouses*

Test 190 ***will, won't***

1. *Will* 2. *will* 3. *wants to* 4. *Will; won't* 5. *will* 6. *want to; won't* 7. *will* 8. *wants to; wants*

Test 191 ***I wish***

1. *I wish we had stayed at home.* 2. *I wish Lindy were here now!* 3. *I wish I could lose some weight.*

Test 192 ***woman, wife***

1. *wife* 2. *woman* 3. *woman* 4. *wife; woman*

Test 193 ***wonder* etc.**

1. *wonder* 2. *was surprised* 3. *surprised* 4. *wonder; be surprised*

Test 194 ***work, job***

1. *She was tired from work.* 2. *It's an interesting, well-paid job.* 3. *I get home from work at 5 o'clock.* 4. *Your essay is an excellent piece of work.* 5. *The architect has done/did a good job.* 6. *His collection contains serveral valuable works of art.* 7. *It looks like the work of an expert.*

Test 195 ***worth + -ing-* Form**

1. *Is this book worth reading?* 2. *That's hardly worth mentioning.* 3. *I doubt that life will be worth living after a nuclear war.*

Test 196 ***would, wouldn't***

1. *would* 2. *wanted* 3. *would* 4. *wouldn't* 5. *would* 6. *would; wouldn't* 7. *would; would; wanted to* 8. *wanted to; would*

Test 197 ***yes?***

1. *shall we* 2. *Yes* 3. *will you* 4. *all right*

Test 198 ***yet***

1. *yet* 2. *now* 3. *yet* 4. *now; yet* 5. *Now; yet*

Zahlen

Test 199 **… Komma u. Punkt**

1. *30.5 °C* 2. *2(nd) October* 3. *2.8 million* 4. *40,000 dollars* 5. *18(th) February* 6. *2,049.50 pounds*

Test 200 **… Schreibung**

1. 10.77 percent
2. a cheque for 70,117.71 dollars
3. in the year 1776
4. My phone number is 0711 771 711

Stichwortverzeichnis

(Die genannten Zahlen geben die **Kapitelnummern** an, nicht die Seitenzahlen)

A

a 14
a few 119
a little 119
a lot of 132
about 1
ACI 188
action 2
actual 3
Adjektiv nach Verben der sinnlichen Wahrnehmung 4
Adverb mit derselben Form wie das Adjektiv 5
advice 6
afraid 9
after 29
ago 79
Aktion 2
aktuell 3
alive 116
als 23, 24, 114, 117
Altersangaben 7
am meisten 130
among 8
an 14
an 40
ängstlich 9
anständig 61
anxious 9
apologize 70
Apostroph
- *its / it's* 10
- *s*-Genitiv 12
- vor Plural-*s* 11

Apotheker(in) 45
Arbeit 194
art 13
Art 13
Artikel
- *a / an* 14
- bei *advice* etc. 6
- bei allgemeinen Begriffen 15
- bei Gewässernamen 16
- bei Länder-, Orts- und Straßennamen 18
- bei Planeten 19
- bei *space* 20
- bei *work* und Zusammensetzungen 97, 194
- bei Zugehörigkeit zu einer Gruppe 21
- vor *hundred, thousand* 17

as
- in Nebensätzen 22, 23
- bei Vergleichen 24, 117

as far as 185
as yet 198
at 40
at first 77
at last 25
at least 25
attend 26
auch nicht 137
ausgeben 177
ausschlafen 174
automat 121
Automat 121

B

bank 27
Bank 27
bathroom 49
bauen 39
become 28
bedeuten 127
Bedeutung 128
before 29
behind 29
bei 40
bench 27
Benzin 146
besorgt 9

besuchen 26
betrunken 66
big 30, 31
bilden 39
billion 32
Billion 32
birthday 33
bis 42, 185
biscuit 34
Biskuit 34
bitte 150
borrow 35
boss 36
brav 37
brave 37
break 144
breakfast 15
briefs 175
bring 38
bringen 38
brochure 155
build 39
by
  in Ortsangaben 40
  in Zeitangaben 42
  by someone 41

C

campaign 2
caricature 43
cartoon 43
catcher 44
Catcher 44
cathedral 65
cattle 138
check 54
chef 36
Chef 36
Chemiker(in) 45
chemist 45
chief 36
chips 46
Chips 46
chop 59
Christ 47
Christ 47
Christian 47
clergy 48, 138
clerical 48
cliché 148
closet 49
clumsy 151
college 96
colour 50, 51
comfortable 52
Conditional (Perfect) 101, 102, 103, 191
confuse 108
consequent 53
consistent 53
control 54
cookie 34
costume 55
country 56
couple 57
crisps 46
critic 58
criticism 58
current 3
cutlet 59

D

da (Konjunktion) 23
dass 188
Datum 60
decent 61
delicacy 62
delicatessen 62
Delikatesse(n) 62
department store 189
dezent 61
dick 183
discreet 61
discriminate 63
diskriminieren 63
disreputable 168
do
  als Vollverb 64
  bei der Fragebildung 81, 93
Dom 65
dome 65
donate 177
dressing 164

drive (Verb) 84
drive (Substantiv) 2
drunk 66
drunken 66
dubious 168
dünn 183

E

early 5
economic 67
economical 67
eigene(s) 143
eigentlich 3
einige 119
einschlafen 86, 174
either 68
Entschuldigung 70
Erdöl 146
erinnern 160
erklären 71
etwa 1
etwas 119
eventual(ly) 69
eventuell 69
excuse me 70
executive 124
explain 71
extravagant 72

F

fahren 84
familiar 73
familiär 73
Farbe 50, 51
fast 5
fat 183
fatal 74
feel 4
fertig 76
few 78, 119
fewer 114
find (that) 75
finden 75
finished 76
first 77, 78
Fluß 162
for (zeitlich) 79, 80
form (Verb) 39
formen 39
Foto(grafie) 147
Fotograf(in) 147
Fragebildung 81, 93
Frau 192
freedom 15
French fries 46
freundlich 82
friendly 82
frightened 9
from 41, 185
früher 186
Future 42, 101, 170, 190

G

garage 83
gas 146
gasoline 146
gehen 85, 184
gespannt 9
get 28
get to sleep 86
gewöhnen 186
gewohnt sein 186
give 177
glücklich 91
go 84, 85, 184
go to bed 86
go to sleep 86
good 37, 87
grammar school 88
gravy 164
great 30
groß 30, 31
gym(nasium) 88
Gymnasium 88
gymnastics 99
Gymnastik 99

H

Haar(e) 90
haddock 171

hair(s) 90
half time 144
happy 91
hard 5, 92
hardly 5, 92
Hausarbeit 97
Hausaufgabe(n) 97
have (got) 93
have something done 94
have to 93
hear 95
Heimarbeit 97
high school 96
hike 187
Hochschule 96
homework 97
hören 95
housework 97
how 22, 98
how do you do 99
hundred 17
husband 123

I

if-Sätze 101, 102, 103
if / when 100
ignore 141
ill 104
in 184
in the picture 105
in front of 29
in Kürze 173
Infinitiv mit *to* 106, 107, 188
information 6
Information(en) 6
-ing-Formen 106, 107, 186, 195
insulate 109
intermission 144
interval 144
into 184
irritate 108
irritieren 108
isolate 109
isolieren 109
its / it's 10

J

ja? 197
jam 126
jelly 126
jetzt 198
jigsaw (puzzle) 157
job 194
jukebox 134

K

Karikatur 43
Kaufhaus 189
kaum 92
Keks 34
kerosene 146
kind (Substantiv) 13
klein 172
Klerus 48, 138
komfortabel 52
Komma 60, 199
Komparativ 24, 114
konsequent 53
kontrollieren 54
Kostüm 55
Kotelett 59
krank 104
Kritik 58
Kritiker(in) 58
kurz 173
kürzlich 173

L

Lagerhaus 189
lake 16, 165
land 56
Land 56
lassen 94, 113
last 78, 110
late 5, 111
lately 111
latest 110
lay 115
learn 112

leave ... 113
Leben ... 15, 116
leben ... 116
lebend(ig) ... 116
legen ... 115
leihen ... 35
lend ... 35
lernen ... 112
less (... than) ... 24, 114
let ... 113
letzte ... 110
Leute ... 145
lie ... 115
liegen ... 115
life ... 15, 116
like
  als Präposition ... 117
  als Verb ... 75
Likör ... 118
liqueur ... 118
liquor ... 118
listen (to) ... 95
little ... 119
live ... 116
long ... 5
look ... 4, 98, 120
look at ... 120
lucky ... 91
luxurious ... 52

M

machen ... 64
machine ... 121
major ... 122
make ... 64
man ... 15, 123
manager ... 124
Manager ... 124
Mann ... 123
many ... 132
marine ... 125
Marine ... 125
marmalade ... 126
Marmelade ... 126
Mars ... 19
may ... 69
maybe ... 69
mayor ... 122
mean (Verb) ... 127
meaning ... 128
meinen ... 127
Meinung ... 128
meiste ... 131
Mengenangaben ... 139
Mensch ... 15
Menschen ... 145
menu ... 129
Menü ... 129
Miete ... 161
Militär ... 138
military ... 138
Milliarde ... 32
möchte ... 188
moon ... 19
Mord, morden ... 133
Mörder(in) ... 133
more (...) than ... 1, 24
most ... 130, 131
mostly ... 130
much ... 132
murder ... 133
murderer, murderess ... 133
music(al) box ... 134
Musikbox ... 134
must not ... 135

N

Nachricht(en) ... 6
nächste ... 136
Namen ... 16, 18, 19
narrow ... 176
nature ... 15
navy ... 125
near ... 40
nearest ... 136
need not ... 135
neither ... 137
neueste ... 110
never mind ... 180
news ... 6
next ... 78, 136
nimm's leicht ... 180

noch nicht ... 198
Nomen (Substantiv) mit Verb im Plural ... 138
nor ... 137

O

of ... 7, 13, 139
öffentliche Schule ... 156
oldtimer ... 140
Oldtimer ... 140
on the picture ... 105
operation ... 2
opinion ... 128
over ... 1
overhear ... 141
overlook ... 142
oversee ... 142
own ... 143

P

Paar / paar ... 57
paint ... 50
pair ... 57
panties ... 175
paraffin ... 146
Passiv ... 41
pause ... 144
Pause ... 144
pension ... 161
people(s) ... 145
perhaps ... 69
petrol ... 146
petroleum ... 146
Petroleum ... 146
pharmacist ... 45
photograph ... 147
photographer ... 147
photography ... 147
phrase ... 148
Phrase ... 148
physician ... 149
physicist ... 149
Physiker(in) ... 149
piece of (news etc.) ... 6, 97, 194
Platz nehmen ... 181
please ... 150
plump ... 151
Plural bei bestimmten Substantiven (Nomen) ... 138, 145, 152
Plural mit Apostroph ... 11, 12
Plural-*s* ... 11
police ... 138
policy ... 152
politics ... 152
Politik ... 152
Polizei ... 138
Pommes frites ... 46
Possessivpronomen ... 10, 143, 153
possible ... 69
Preis ... 154
prescription ... 159
Present Perfect (Continuous) ... 80
price ... 154
prize ... 154
prospect ... 155
prospectus ... 155
Prospekt ... 155
public school ... 156
Punkt ... 199
put off ... 108
puzzle ... 157
Puzzle ... 157

R

raise ... 158
Rat ... 6
Rätsel ... 157
ready ... 76
receipt ... 159
recently ... 173
recess ... 144
recipe ... 159
reliable ... 168
remember ... 160
remind ... 160
rent ... 161
Rente ... 161
reputable ... 168
respectable ... 168
restroom ... 49
retire ... 161
review ... 58

Rezept ... 159
ride ... 84
rise ... 158
river ... 162
road ... 163

S

same ... 24
sauce ... 164
scared ... 9
Schatten ... 169
Schellfisch ... 171
schlafen gehen ... 86
schmal ... 176
schon ... 198
school ... 15
sea ... 165
see ... 120
See ... 165
sehen ... 120
seit ... 23, 80
selbstbewußt ... 166
self-confident ... 166
self-conscious ... 166
sensibel ... 167
sensible ... 167
sensitive ... 167
seriös ... 168
serious ... 168
set lunch ... 129
s-Genitiv ... 12
shade ... 169
shadow ... 169
shall ... 170, 197
shape (Verb) ... 39
shellfish ... 171
short ... 172
shortly ... 173
sick ... 104
since
 als Konjunktion ... 23
 als Präposition ... 80
Singular bei bestimmten
 Substantiven (Nomen) ... 6, 97, 152, 194
sleep in / out ... 174
slip ... 175
Slip ... 175
small ... 172, 176
smell ... 4
sollen ... 170
sophisticated ... 72
sorry ... 70
sort ... 13
Sorte ... 13
Soße ... 164
sound (Verb) ... 4
space ... 20
spät ... 111
species ... 13
spend ... 177
spenden ... 177
Spieldose ... 134
Stadion ... 178
stadium ... 178
Stadium ... 178
stage ... 178
stark ... 179
state school ... 156
stattfinden ... 181
straight ... 5
Straße ... 163
stream ... 162
street ... 163
streng ... 179
strict ... 179
Strom ... 162
strong ... 179
study ... 112
stylish ... 72
Substantive mit Verb im Plural ... 138
suit (Nomen) ... 55
surprise(d) ... 193

T

take ... 38
take a seat ... 181
take it easy ... 180
take place ... 181
tall ... 31
taste (Verb) ... 4
tatsächlich ... 3
Technik ... 182
technique ... 182

Technologie . . . 182
technology . . . 182
Teilangaben . . . 139
than . . . 24, 114
thick . . . 183
thin . . . 183
think . . . 75, 127
thousand . . . 17
till . . . 42, 185
timid . . . 9
to (Präposition) . . . 184, 185, 186
toilet . . . 49
Toilette . . . 49
topical . . . 3
trillion . . . 32

U

über . . . 1
überblicken . . . 142
überhören . . . 141
übersehen . . . 142
überwachen . . . 54, 142
under . . . 8
underpants . . . 175
undershorts . . . 175
ungefähr . . . 1
university . . . 96
unter . . . 8
Unterkleid, -rock . . . 175
until . . . 42, 185
up-to-date . . . 3
use . . . 186
used to . . . 186

V

Verben der sinnlichen Wahrnehmung . . . 4
verbringen . . . 177
Vergleiche . . . 24, 114, 117
viel(e) . . . 132
vintage car . . . 140
visit . . . 26
Volk . . . 145
von . . . 41, 185
vor . . . 29, 79
vor kurzem . . . 173

W

während . . . 23
walk . . . 85
wander . . . 187
wandern . . . 187
want . . . 188, 190, 196
warehouse . . . 189
Warenhaus . . . 189
watch . . . 120
way . . . 13
weder ... noch . . . 137
well . . . 87
wenig(e) . . . 119
weniger . . . 114
wenn . . . 100, 101, 102, 103
werden . . . 28, 101, 170, 188, 190
what (... like) . . . 98
when . . . 100
wie . . . 22, 24, 98, 99
wife . . . 192
will . . . 101, 170, 190, 197
wirklich . . . 3
wirtschaftlich . . . 67
wish . . . 188, 191
with . . . 40
wollen . . . 170, 188, 190, 196
woman . . . 192
wonder . . . 193
won't . . . 190
work . . . 194
worth . . . 195
would . . . 101, 102, 103, 191, 196
would like . . . 188
wrestler . . . 44
wundern . . . 193
würde . . . 101, 102, 191, 196

Y

year(s) in Altersangaben . . . 7
yes? . . . 197
yet . . . 198

Z

Zahlen . . . 7, 17, 32, 60, 199, 200
zuerst . . . 77